Reliures royales
du département des Manuscrits
(1515-1559)

Conférences Léopold Delisle

Reliures royales du département des Manuscrits (1515-1559)

Marie-Pierre Laffitte

Bibliothèque nationale de France

Le cycle des conférences Léopold Delisle est organisé par la Bibliothèque nationale de France avec le soutien d'Henri Schiller, collectionneur, bibliophile.

Les conférences Léopold Delisle offrent à un public de curieux et d'amateurs éclairés des synthèses inédites, érudites et à jour sur le thème du livre et des manuscrits.

Léopold Delisle
Ce grand érudit est une figure emblématique de la Bibliothèque nationale de France. Conservateur au département des Manuscrits, dont il a écrit une histoire magistrale, puis administrateur général de la Bibliothèque nationale de 1874 à 1905, il a donné à la Bibliothèque des impulsions décisives en matière d'aménagements (début de la construction de la salle Ovale, installation des Manuscrits dans leurs locaux actuels) et une grande politique bibliothéconomique en introduisant un nouvel ordre dans le classement des ouvrages et en lançant la publication du *Catalogue général des livres imprimés* par ordre alphabétique.

À paraître :
Le Livre grec, Jean Irigoin

Cartographie de la France et du monde, de la Renaissance au Siècle des lumières, Monique Pelletier

Les documents représentés dans cet ouvrage proviennent des collections de la Bibliothèque nationale de France et ont été photographiés par son service reproduction.

ISBN : 2-7177-2165-7
ISSN en cours

Sommaire

Autour de Du Tillet : reliures de dédicace pour Henri II

Les reliures des manuscrits de dédicace à François Ier

Les origines

Bien que l'invention de l'imprimerie date déjà à cette époque de plusieurs décennies, et que des livres imprimés lui soient aussi présentés à maintes reprises par leurs auteurs, leurs commanditaires ou leurs éditeurs, comme le grand humaniste Guillaume Budé et l'éditeur Charles Estienne [1], ce sont encore des manuscrits qui sont le plus souvent offerts à François Ier tout au long de sa vie. Ces présents sont le témoignage d'une tradition remontant aux origines de la royauté, qui a pris une nouvelle dimension sous le roi Charles V. En raison d'une politique active dans ce domaine, ce dernier est en effet le dédicataire de traductions ou d'œuvres originales, qu'il a souvent commandées lui-même, par exemple à Nicole Oresme, traducteur d'Aristote et auteur de divers traités intéressant directement le roi [2].

Si les rois qui se succèdent ensuite sur le trône possèdent bien des livres, c'est en fait par l'intermédiaire du fils de Charles V, le duc Louis d'Orléans, et de sa femme la princesse milanaise Valentine Visconti, tous deux amateurs de livres par goût personnel autant que par habitude familiale, puis de leur fils le poète Charles d'Orléans, que cette tradition se transmet jusqu'à Louis XII, leur petit-fils et fils : une bonne partie des ouvrages nouveaux qui entrent entre 1498 et 1515 dans la Librairie royale de Blois sont des exemplaires de dédicace, offerts au roi par les courtisans ou les intellectuels de son entourage.

Quelques-uns ont conservé leurs reliures de tissu, souvent de la soie rouge ou jaune, qui sont les couleurs emblématiques du roi : le récit de la venue de l'empereur Charles IV en France et de son entrevue avec le roi Charles V présente même de la soie damassée rouge sur l'un des plats et jaune sur l'autre [3]. Quant au traité du conseiller du roi Jean Ferrault sur les *Droits et prééminences de la couronne de France* [4], datable entre 1508 et 1512, il est couvert de soie bleue brodée d'un semé de fleurs de lys d'or qui rappelle les reliures réalisées pour Charles V dans la seconde moitié du XIVe siècle. La même tradition se retrouve dans la maison d'Angoulême, branche cadette des Orléans : outre les imprimés que lui offre le libraire parisien Antoine Vérard, Louise de Savoie, comtesse d'Angoulême, reçoit des manuscrits de dédicace et il est parfois difficile de différencier les ouvrages qui lui sont offerts en propre de ceux qui sont destinés

1 M.-P. Laffitte et F. Le Bars, *Reliures royales de la Renaissance. La Bibliothèque royale de Fontainebleau 1544-1570*, Paris, 1999, p. 28. **2** Fr. Avril, dans *Les Fastes du gothique : le siècle de Charles V*, Paris, 1981, nos 281 et 289. **3** Ms. français 5729. **4** Ms. latin 4777; U. Baurmeister et M.-P. Laffitte, *Des livres et des rois. La Librairie royale de Blois*, Paris, 1992, no 40; A. R. A. Hobson, *Humanists and Bookbinders. The Origins and Diffusion of the Humanistic Bookbinding 1459-1559...*, Cambridge, 1989, p. 181.

à son fils, le futur François Ier [5]. Cette ambiguïté se maintient jusqu'à la mort de la princesse en 1531.

Reliures pour Louise de Savoie

Cependant, c'est sûrement à Louise de Savoie que sont offerts les *Traités sur les vertus cardinales* inspirés du *Songe de Poliphile* de Francesco Colonna. Anne-Marie Lecoq en attribue le texte à François Demoulins ; je reviendrai plus loin sur l'auteur de cette plaquette réalisée vers 1510. Nicole Reynaud et François Avril reconnaissent dans les peintures qui accompagnent le texte la main d'un peintre lyonnais, Guillaume Leroy [6]. Mais la reliure de parchemin du manuscrit est due au peintre attitré de la famille d'Angoulême à partir des années 1480, le Poitevin Robinet Testard : sur le premier plat figurent dans quatre compartiments de couleurs différentes la Prudence, la Force, la Justice et la Tempérance, et sur le plat inférieur, divisé lui aussi en compartiments, mais lacunaire et abîmé, on distingue les pierres précieuses qu'elles ont pour emblème (ill. 1, p. 49). À l'occasion de leur restauration au XIXe siècle, les plats peints ont été collés sur les contre-plats d'une reliure moderne, mais ils restent remarquables : les reliures entièrement ou en partie peintes sont rarissimes et la Bibliothèque nationale de France en conserve peu d'exemples antérieurs à 1550.

L'aspect plus classique de la seconde reliure, offerte elle aussi à Louise de Savoie, ne doit pas en déprécier le caractère tout aussi exceptionnel et l'état de conservation presque miraculeux. En 1521 ou 1522, Étienne Le Blanc, greffier à la cour et secrétaire de Louise de Savoie, lui offre la *Geste de Blanche de Castille*, avec un frontispice que François Avril attribue à l'atelier dit des Heures de 1520 [7]. Le velours noir de la reliure est brodé de motifs de soie beige, grise ou brune, dessinant sur l'un des plats une scène de chasse et sur l'autre un oiseau perché sur un rameau de feuillage. Le bord des plats est souligné par une application en forme de chaîne, interprétation de la cordelière à nœuds et à boucles qui est l'un des emblèmes de Louise de Savoie.

Manuscrits de dédicace à François Ier

Dans le *Cabinet des manuscrits*, œuvre majeure publiée à la fin du XIXe siècle, Léopold Delisle repère une cinquantaine de manuscrits offerts à François Ier [8].

5 M. B. Winn, « Books for a princess and her son : Louise de Savoie, François d'Angoulême and the Parisian libraire Antoine Vérard », *Bibliothèque d'humanisme et de Renaissance*, XLVI (1984), p. 603-617 ; R. Lembright, « Louise de Savoie : étude de son mécénat artistique et littéraire », *Société archéologique et historique de la Charente. Bulletins et mémoires*, 1996, p. 85-105 (très nombreuses erreurs). **6** Ms. français 12247 ; A.-M. Lecoq, *François Ier imaginaire. Symbolique et politique à l'aube de la Renaissance française*, Paris, 1987, p. 85-100 et 214 ; Fr. Avril et N. Reynaud, *Les Manuscrits à peintures en France, 1440-1520*, Paris, 1993, nº 204. **7** Ms. français 5715 ; A.-M. Lecoq, *François Ier*, p. 95 et 477-478 ; Fr. Avril, *La Passion des manuscrits enluminés. Bibliophiles français : 1280-1520*, Paris, 1991, nº 110 ; *Livres en broderie. Reliures françaises du Moyen Âge à nos jours*, Paris, 1995, nº 7 ; L. Delisle, « Traductions d'auteurs grecs et latins offertes à François Ier et à Anne de Montmorency par Étienne Le Blanc et Antoine Macault », *Journal des savants*, août 1890, p. 402-483. **8** L. Delisle, *Le Cabinet des manuscrits de la Bibliothèque impériale*, Paris, 1868-1881, I, p. 147-151.

Grâce à des travaux récents et à mes propres investigations, il est possible aujourd'hui d'en citer plus de cent, la plupart conservés depuis toujours dans nos collections. Le plus ancien daté est la traduction latine de trois tragédies d'Euripide, que l'helléniste François Tissard traduit à Bologne en 1507[9], pour François d'Angoulême alors âgé de douze ans; sa reliure a disparu. Le plus récent est une traduction française anonyme des *Oraisons olynthiaques* de Démosthène[10], copiée en 1546 et reliée en maroquin noir à décor doré.

Ces volumes présentent tous une ou plusieurs caractéristiques indiquant clairement leur statut de manuscrit de dédicace : sujet traité, présence d'une lettre de dédicace ou d'un envoi au roi, armes et emblèmes royaux souvent présents dans la décoration accompagnant le texte, et pour certains d'entre eux aspect de leur reliure.

Les textes

Le contenu de ces manuscrits peut être classé en trois groupes. Viennent d'abord les textes à caractère éducatif, moral ou politique qui sont écrits pour le roi[11]. On y compte les traités du type *Régime du prince*, qui datent surtout de l'enfance ou de l'adolescence, puis des pièces de circonstance, souvent rédigées à l'occasion d'événements politiques importants, comme l'avènement de François Ier et la bataille de Marignan en 1515, ou quelques années plus tard, en 1539-1540, l'entrevue d'Aigues-Mortes et le voyage de Charles Quint en France.

Le deuxième groupe est constitué de traductions d'auteurs appartenant à l'Antiquité classique grecque et latine, Sénèque, Virgile mais aussi Démosthène, Euripide, Isocrate, Héliodore, Diodore. Leurs traducteurs les rendent ainsi accessibles à François Ier qui ne lit ni le latin ni le grec[12]. Ils sont présents pendant toute la vie du roi.

Enfin, une dernière série nettement moins nombreuse réunit des manuscrits plus anciens, qui sont en quelque sorte recyclés pour être offerts au roi.

Quels que soient leur contenu et la langue dans laquelle ils sont écrits – il s'agit presque exclusivement de latin, de français ou d'italien –, ces volumes sont des ouvrages de luxe, soigneusement calligraphiés, décorés de lettrines et de peintures.

Certains sont inédits, mais d'autres ont fait l'objet d'éditions contemporaines ou ultérieures; ces dernières ont parfois été offertes aux rois suivants sous la forme d'exemplaires de présentation. C'est ainsi que Jacques Amyot, après avoir offert à François Ier une version manuscrite de sa traduction des *Vies* de Plutarque, en publiera en 1559 une édition dédicacée cette fois à Henri II.

9 Ms. latin 7884; P. de Nolhac, « François Tissard et sa traduction d'Euripide », *Mélanges H. Weil*, 1898, p. 299; Ch. Samaran et R. Marichal, *Catalogue des manuscrits en écriture latine portant des indications...*, Paris, 1959 →, II, p. 437. **10** Ms. français 25394; Delisle, *Le Cabinet des manuscrits*, II, p. 257-258. **11** A.-M. Lecoq, *François Ier*, *passim*. **12** M.-P. Laffitte et F. Le Bars, *Reliures royales de la Renaissance*, p. 12-13.

Les donateurs

Si quelques-uns de ces traités, comme la *Dedicace du temple saint Françoys* offerte au prince au moment de ses fiançailles avec Claude de France [13], sont anonymes, la plupart portent en bonne place le nom de leurs auteurs, qui en sont aussi les donateurs.

Plusieurs Italiens, tels Giovanni Antonio Modesti, Paolo Pietra Santa, Guido Guidi, quelques Anglais comme Stephen Baron, figurent parmi ces donateurs, surtout avant 1525, mais les Français sont les plus nombreux. Qu'ils soient hommes d'Église, savants et dans ce cas souvent lecteurs royaux, poètes ou diplomates, Symphorien Champier, Jacques Colin, Oronce Fine, Jean de Gagny, le cordelier Jean Thenaud, Jacques Gohory, Hugues Salel, l'évêque de Condom Jean de La Marre, Ludovicus Helianus, Adrian de Bernaiges, Jean de Lenoncourt, Macé de Villebresme, Cruche, Guillaume Budé, Jacques Amyot… sont presque tous membres de l'entourage du roi. Certains, comme François Demoulins, sont des habitués du manuscrit de dédicace.

Chanoine de l'église Saint-Pierre et Sainte-Radegonde de Poitiers, Demoulins figure dès 1501 et jusqu'en 1508 dans les comptes de Louise de Savoie comme « maistre d'école » de son fils, alors âgé de sept à treize ans [14]. En 1519, il est nommé, à la demande de la comtesse d'Angoulême, grand aumônier de France. La dernière mention le concernant date de 1524. Sur les dix-sept ouvrages presque tous écrits dans la même écriture et vraisemblablement autographes qu'il offre à Louise de Savoie ou à son fils, environ la moitié ont comme les *Traités sur les vertus cardinales* cités plus haut conservé leurs reliures originales. Nous verrons plus loin qu'il s'agit de sobres couvrures de soie ou de basane, tout à fait représentatives des premières reliures offertes à François Ier.

Histoire des manuscrits de dédicace

Les volumes antérieurs à 1544 figurent dans le dernier catalogue de la Librairie royale de Blois ou font partie de la bibliothèque personnelle de François Ier, mais parmi ceux qui datent de la fin du règne, c'est-à-dire des années 1544-1547, plusieurs ne portent pas trace de leur passage à Fontainebleau et leur entrée à la Bibliothèque nationale ou dans une autre institution est tardive. D'autres enfin ont quitté anciennement la Bibliothèque royale et sont passés chez de grands collectionneurs comme le cardinal Mazarin, Jean-Baptiste Colbert ou Étienne Baluze [15].

Les caractéristiques des reliures de dédicace

Plusieurs de ces manuscrits ont malheureusement perdu leurs reliures anciennes, comme le *Vexillum christianae victoriae* de Giorgio Benigni, qui d'après le catalogue de la Librairie royale de Blois daté de 1544 était couvert de

13 Ms. français 1680 ; A.-M. Lecoq, *François Ier*, p. 56-65. **14** A.-M. Lecoq, *François Ier*, p. 77-78. **15** Voir par exemple les manuscrits français 650 ou 1855 passés par la bibliothèque de Colbert, français 676 par celle d'Étienne Baluze, français 128 par la collection de Philippe de Béthune…

« veloux rouge à rubens jaulnes et bleus [16] », et certains n'ont conservé que leurs tranches dorées et ciselées, comme l'exemplaire sur papier des *Coutumes de Poitou* qui porte au premier feuillet les armes de la famille d'Angoulême [17]. Plus de soixante reliures nous sont cependant parvenues.

On peut les partager en deux groupes vraiment différents. Le premier correspond aux reliures les plus anciennes, qui dans leur majorité sont en cuir estampé à froid ou en tissu et ne portent aucun des éléments apparents déterminés par leur statut, tels que les armes royales, le collier de l'ordre de Saint-Michel, le chiffre du roi, la salamandre ou autres éléments héraldiques... À part les reliures de tissu, dont la matière même est luxueuse, et les premiers essais de dorure, ce sont des reliures modestes qui contrastent fortement avec le second groupe. Celui-ci est en effet constitué des reliures de cuir à décor doré, qui remplacent peu à peu les types antérieurs pour les éliminer presque complètement à la fin des années 1530. Elles sont plus luxueuses, en raison de la qualité des cuirs, de la variété des fers et de l'originalité des modèles utilisés pour leur réalisation. Enfin, armes et emblèmes royaux y sont fréquents.

Avant de nous pencher sur cette production tardive nous allons passer en revue quelques reliures de la « période primitive ».

Premières reliures

Les reliures « courantes »

Certaines plaquettes antérieures à l'avènement de François Ier le 1er janvier 1515 portent des reliures succinctes. Le *Traité de souffisance et avarice*, orné dans l'Angoumois de superbes dessins à l'encre inspirés de Jean Bourdichon, a de simples plats de carton peint en noir qui n'ont jamais été recouverts de tissu ni de cuir [18] ; et le *Libellus enigmatum* de François Demoulins semble n'avoir jamais eu que des plats de carton blanc et des liens de soie noire [19].

De même, un simple feuillet de parchemin couvre l'*Expositio in Psalmos* de l'Italien Agostino Steuco, manuscrit pourtant tardif puisque datable entre l'année 1542, pendant laquelle l'auteur est nommé bibliothécaire de la Bibliothèque vaticane après la mort de Jérôme Aléandre, et le 31 mars 1547, date de la mort de François Ier [20] : les nerfs de peau y sont enroulés dans des morceaux d'un tissu de soie vert, qui tressés constituent aussi l'âme de la tranchefile. Une reliure de parchemin assez semblable protège la lettre d'Isocrate à Nicocles conservée à la bibliothèque Sainte-Geneviève [21]. Mais le statut de manuscrit de dédicace de cette plaquette est mis en doute par l'existence, dans le fonds latin

16 Ms. latin 3620 ; Ch. Samaran et R. Marichal, *Catalogue*, II, p. 187. **17** Ms. français 5923. **18** Ms. français 2374 ; T. Husband, *The Wild Man. Medieval Myth and Symbolism*, New York, 1980, p. 128-131. **19** Ms. latin 8775 ; A.-M. Lecoq, *François Ier*, p. 136 et 409-410. **20** Ms. latin 434 ; Ch. Samaran et R. Marichal, *Catalogue*, II, p. 13. **21** Paris, bibliothèque Sainte-Geneviève, ms. 2393 ; Ch. Samaran et R. Marichal, *Catalogue*, II, p. 351.

de la Bibliothèque nationale de France, d'un autre exemplaire plus luxueux de ce texte qui n'est pas daté mais qui porte une cote de la bibliothèque personnelle de François Ier et une reliure de velours vert[22]. L'existence de plusieurs exemplaires de dédicace d'un même texte reste difficile à comprendre.

La modestie de ces reliures s'explique par des habitudes propres à la famille d'Orléans : les fils de Louis d'Orléans, le poète Charles d'Orléans, père de Louis XII, et Jean d'Angoulême, grand-père de François Ier, ne possèdent pas dans leurs librairies respectives l'équivalent des reliures luxueuses destinées à Charles V ou à Jean de Berry, dont les anciens inventaires nous transmettent le souvenir.

Le tissu

Le tissu est au Moyen Âge un matériau fréquemment utilisé dans les milieux aristocratiques pour ces reliures de grand luxe et toutes sortes d'étoffes sont employées à cet effet[23]. Cette habitude se maintient jusqu'au milieu du XVIe siècle et la plupart des reliures royales réalisées sous Louis XII sont en velours, en soie, en drap d'or, en damas, laissés nus ou ornés de broderies. Les réfections du XIXe et du début du XXe siècle ont été fatales à ces reliures de tissu particulièrement fragiles et les premiers exemples conservés datent de la fin du XVe ou du début du XVIe siècle[24]. Nous en connaissons plusieurs, en soie ou en velours, destinées à François Ier, mais aucune de celles qui sont conservées ne présente de motifs brodés comparables avec celles possédées par Louise de Savoie ou par d'autres amateurs plus anciens.

Les reliures de soie semblent réservées aux fines plaquettes très soignées qui constituent la majorité des premiers manuscrits de dédicace. Parmi eux, on remarque deux manuscrits autographes de François Demoulins. Les *Horoscopes de la famille d'Angoulême*[25] datés de 1511 ont une reliure de soie bleue. L'*Interprétation du psaume «Dominus, illuminatio mea»*, illustrée de médaillons dus à Godefroi le Batave et présentée au roi le 12 février 1516[26], a une reliure de soie verte ; de même, des fragments de soie noire sont visibles sur d'autres œuvres du même auteur[27]. Ces plaquettes sont d'aspect homogène et le filigrane des papiers des textes et des gardes est souvent une roue de sainte Catherine[28], motif fréquent dans le Centre de la France. Elles pourraient être l'œuvre d'un relieur exerçant dans le Val-de-Loire, à Amboise ou à Blois, entre 1505 et 1516. Demoulins n'est pas le seul à apprécier les reliures de soie et un *Traité de pénitence* offert lui aussi au prince avant son avènement porte une reliure de soie verte[29]. Symphorien Champier choisit de la soie brune pour son *Régime et*

22 Ms. latin 7819. **23** Une thèse de l'École des chartes vient d'être soutenue sur ce sujet : N. Coilly, « La reliure d'étoffe au temps des princes Valois (seconde moitié du XIVe – début du XVe siècle) », *École nationale des chartes. Positions de thèses… 1999*, Paris, 1999, p. 167-174. **24** *Livres en broderie*, *passim*. **25** Ms. français 2082 ; A.-M. Lecoq, *François Ier*, p. 124-127. **26** Ms. français 2088 ; A.-M. Lecoq, *François Ier*, p. 100 et 214. **27** Ms. français 1863 ; A.-M. Lecoq, *François Ier*, p. 80-85. **28** C.-M. Briquet, *Les Filigranes. Dictionnaire historique des marques de papier*, rééd., Amsterdam, 1968, II, p. 657-659, no 13309 *sqq.* **29** Ms. français 1890.

doctrinal d'un jeune prince, qu'il dédicace à Louise de Savoie mais offre à son fils entre 1496 et 1515[30]. La plupart de ces plaquettes sont antérieures à l'avènement du roi.

La même pratique existe dans le Nord de l'Italie, comme le prouve la soie violette du traité *De laudibus Franscici primi* (ill. 2, p. 50). Ce poème, qui porte les armes de France peintes au premier feuillet, a été écrit à l'occasion de la bataille de Marignan par Giovanni Antonio Modesti, professeur de droit à Bologne[31]. À cette époque, c'est encore par l'Italie qu'arrive en France la majorité des étoffes de luxe.

Le velours est aussi fréquent et plusieurs exemples nous sont parvenus : violet sur le traité *De regimine seu caritate principium*, offert à François d'Angoulême par l'Anglais Stephen Baron, ancien étudiant de Cambridge, provincial des Franciscains en Angleterre et confesseur du roi Henri VIII, à qui le traité était initialement dédié[32]. La reliure de ce manuscrit orné d'une initiale peinte d'aspect archaïque aux armes de France, auxquelles le jeune prince n'a pas encore droit, a vraisemblablement été réalisée en France (ill. 3, p. 50). On retrouve du velours, violet encore, sur une traduction de Xénophon[33], vert sur une épître adressée au roi par un prisonnier pour dettes espérant bénéficier d'une grâce à l'occasion de l'avènement[34], rouge sur *La Complainte de Nature à l'alchimiste errant* de Jean Perréal, qui n'a peut-être jamais été remise au roi[35], rouge foncé sur le *Carcer d'amour* de Diego de San Pedro[36], velours brun accompagné de tranches dorées et ciselées pour une traduction française anonyme de l'*Épître* de saint Paul à Tite[37], velours bleu sur la *Destinée des trois enfants de France* de 1531[38] et blanc sur la plaquette d'un juriste normand, du nom de Jean Lonchard[39]. La plus tardive est en velours vert, sur un *Traité sur l'éclipse de lune* inédit, offert au roi par Jacques Gohory en 1544. Né vers 1520, mort en 1576, membre d'une famille de juristes originaire de Toscane, Jacques Gohory est avocat au parlement de Paris; envoyé en mission en Flandre, en Angleterre, à Rome, il s'intéresse à l'astrologie, à la botanique, à la chimie; il serait le premier traducteur en français de Machiavel[40].

On rencontre encore d'autres types d'étoffes : des fragments de tissu damassé sont collés sur les gardes du livret *De la lignée de Saturne* présenté au jeune François d'Angoulême par le cordelier Jean Thenaud[41]. À la même époque, des livres imprimés sont également couverts de tissu[42].

30 Ms. français 1959; A.-M. Lecoq, *François Ier*, p. 70. **31** Ms. latin 8399; E. Picot, *Les Italiens en France au xvie siècle*, Bordeaux, 1901-1908, p. 150, n. 4; M. E. Cosenza, *Biographical and Bibliographical Dictionary of the Italian Humanists...*, Boston, 1962, III, p. 2330. **32** Ms. latin 6701; Ch. Samaran et R. Marichal, *Catalogue*, II, p. 507; *The Dictionary of National Biography*, Oxford, I, 1993, p. 1192 (reprint). **33** Ms. français 1960. **34** Chantilly, musée Condé, ms. 512 (1343); Ch. Samaran et R. Marichal, *Catalogue*, I, p. 35. **35** Paris, bibliothèque Sainte-Geneviève, ms. 3220; Ch. Samaran et R. Marichal, *Catalogue*, II, p. 359. **36** Ms. français 2150. **37** Ms. français 2241; A.-M. Lecoq, *François Ier*, p. 66-67. **38** Bibliothèque de l'Arsenal, ms. 2955. **39** Ms. latin 4769. **40** Ms. latin 8398; Bréquigny, « Notice de l'histoire de Charles VIII et Louis XII par Jacques Gohory... », *Notices et extraits des manuscrits de la Bibliothèque nationale*, VII/2 (1804), p. 16-39. **41** Ms. français 2081; A.-M. Lecoq, *François Ier*, p. 113. **42** U. Baurmeister, « D'Amboise à Fontainebleau : les imprimés italiens dans les collections royales aux xve et xvie siècles », *Passer les monts. Français en Italie, l'Italie en France*, Actes du colloque Paris/Reims (décembre 1995), Paris, 1998, p. 375-481.

Décors estampés à froid sur cuir

Quelques volumes ont aussi conservé de modestes reliures non plus en tissu mais en cuir uni ou décoré à froid, à l'aide de plaques, de petits fers d'aspect archaïque, ou de roulettes. Ces couvrures ne sont guère différentes de celles réalisées pour Louis XII ou même Charles VIII et surtout pour d'autres personnages de moindre importance, ecclésiastiques, universitaires ou bourgeois, et elles donnent des goûts de François Ier une vision bien éloignée de celle que l'on imagine d'après la production luxueuse de la fin du règne. Elles sont en général inédites et constituent un ensemble hétéroclite et difficile à étudier en raison de l'absence de documents d'archives et d'éléments de comparaison avec d'autres reliures identiques.

Le seul classement possible est un classement chronologique approximatif. Pour leur localisation, l'examen des cuirs de couvrure est important. La basane, c'est-à-dire le cuir de mouton, est souvent accompagnée de feuillets de garde dont les filigranes sont des roues de sainte Catherine semblables à celles que l'on rencontre sur les feuillets des reliures de tissu offertes par François Demoulins[43]. On peut avec vraisemblance les localiser dans le Centre de la France et en particulier dans le Val-de-Loire d'où viennent bon nombre de reliures primitives appartenant à François Ier, alors que le veau est plus fréquent à Paris.

Des petits fers ornent la reliure en basane marron sur ais de bois (ill. 4, p. 50), à l'aspect médiéval, du *Tractatus de vita recte instituenda*, écrit entre 1506 et 1514[44]. Quant à celle d'une traduction anonyme des *Bucoliques* de Virgile[45], ornée de dessins aquarellés attribués au « Maître de Spencer 6 », elle est en basane fauve ornée d'un quintuple filet dessinant des losanges au milieu desquels est repoussée une fleur de lys. Cet élément décoratif souvent employé en reliure à la fin du xve siècle doit être interprété avec prudence et n'a sans doute pas ici de signification héraldique. L'acte du 17 avril 1491 (1492?), autrefois utilisé comme claie, émane de Guillaume Du Lyon, chanoine de la Sainte-Chapelle de Bourges[46]. Il permet de confirmer que cette reliure de basane provient bien du Centre de la France, vraisemblablement de la région de Bourges (ill. 5, p. 50).

Pour les ornementations réalisées à l'aide de roulettes, on peut citer une reliure de basane brune où le décor est composé de trois roulettes différentes, l'une d'inspiration française, les deux autres de style plutôt flamand, sur des *Laudes Francisci primi*, ornées au premier feuillet des armes de France. Ces louanges dues à Giovanni Benedicto Moncetto, vicaire général et commissaire apostolique en France, ont été écrites à Chinon le 6 janvier 1515[47]. Elles ont sans doute été reliées sur place bien que leur auteur soit italien (ill. 6, p. 51). Voici une nouvelle confirmation de la localisation possible des reliures de basane dans le Centre de la France.

43 C.-M. Briquet, *Filigranes*, nos 13353, 13358 et 13494. **44** Ms. latin 3594A ; Ch. Samaran et R. Marichal, *Catalogue*, II, p. 183. **44** Ms. latin 3594A ; Ch. Samaran et R. Marichal, *Catalogue*, II, p. 183. **45** C.-M. Briquet, *Filigranes*, nos 13353, 13358 et 13494. **46** Ms. français 1639 ; Fr. Avril et N. Reynaud, *Les Manuscrits à peintures*, p. 343-345 ; M. Berry, *Bulletin du comité d'histoire de Bourges*, I (1868), p. 151. **47** Ms. latin 6206 ; Ch. Samaran et R. Marichal, *Catalogue*, II, p. 325.

Deux reliures de veau brun, elles aussi décorées à la roulette, pourraient être parisiennes, sur une traduction restée anonyme d'une tragédie de Sénèque [48] et sur la *Déclaration de la généalogie et succession des rois de Naples et de Sicile*, dédicacée à François Ier par Jean Maynier, docteur et conseiller du roi au parlement de Toulouse, seigneur d'Opède, peu après 1515; le cuir fortement épidermé de cette reliure est orné des deux premières roulettes de style véritablement Renaissance sur des reliures destinées au roi [49].

Enfin, pour les plaques, citons un manuscrit intitulé *Ode monocolos*, œuvre de François Demoulins offerte à François d'Angoulême en 1512. La basane fauve est ornée de deux plaques estampées à froid représentant le Graal et saint Sébastien, gravées d'après les illustrations de style gothique des livres d'heures imprimés à Paris par Simon Vostre, mais cet ensemble est comme les autres cadeaux de Demoulins originaire du Val-de-Loire [50].

La roulette florale

Je ne ferai qu'évoquer ici une série de dix reliures de basane fauve ornées d'une roulette florale estampée à froid qui ont toutes un lien avec François Ier : certaines sont répertoriées dès 1518 dans l'inventaire de la Librairie royale de Blois, d'autres sont des cadeaux et seuls ceux-ci ont leur place ici. Le plus important est un manuscrit de François Demoulins illustré par le peintre Jean Clouet [51]. Influencé par l'origine de certains volumes, l'historien de la reliure Tammaro De Marinis a cru la roulette italienne [52], mais elle est certainement française et fait partie du matériel d'un relieur travaillant pour la cour entre 1512 et 1517. La nature du cuir et la qualité du décor indiqueraient plutôt le Val-de-Loire, Blois peut-être, en accord avec les habitudes de l'auteur du manuscrit décoré par Clouet.

Apparition des décors dorés

Qu'elles soient ornées de simples filets ou à grand décor, qu'elles portent ou non les armes du roi, il existe de nombreuses reliures dorées exécutées pour François Ier, mais très peu sont antérieures à 1530, parmi lesquelles surtout des reliures italiennes, sur des manuscrits en latin ou en italien. Elles viennent d'abord de Milan, ce qui s'explique par les liens particuliers qui unissent alors le Milanais à la France et par les nombreux séjours qu'y fait le roi jusqu'à l'humiliation de Pavie en 1525.

Les *Poemata in laudem Francisci regis Francorum primi* sont écrits à Plaisance en 1515 pour célébrer Marignan, par le poète Giulio Ascanio (Julius Ascanius

48 Ms. français 1640. **49** Ms. français 6004. Le ms. français 1638 contient un autre exemplaire de ce texte, dédicacé au chancelier Guillaume Poyet. **50** Ms. latin 8396; D. Gid et M.-P. Laffitte, *Les Reliures à plaques françaises*, Turnhout, 1997, p. XIX et nos 117 et 198; Ch. Samaran et R. Marichal, *Catalogue*, III, p. 47. **51** Ms. français 1194; M.-P. Laffitte et F. Le Bars, *Reliures royales de la Renaissance*, no 1; M.-P. Laffitte, «Premières reliures pour François Ier sur des manuscrits», *Mélanges Georges Colin*, Bruxelles, 1998, p. 63-71, pl. **52** T. De Marinis, *La Legatura artistica in Italia nei secoli XV e XVI*, Florence, 1960, I-III, nos 248 et 1566.

Tuciensis). Leur reliure au décor estampé à froid et doré, où l'or est appliqué de manière assez inhabituelle, pose des problèmes de localisation[53].

Enfin, trois autres reliures provenant d'un atelier milanais travaillant pour Jean Grolier couvrent un commentaire de l'*Enfer* de Dante par Guiniforte Barzizza, offert au roi par Jacques Minut en 1519[54], et deux commentaires de Platon par Ambrogio Fiandino, Napolitain, suffragant de Mantoue. Ces deux dernières reliures peuvent être datées peu après 1517 pour la première, en 1523 pour la seconde[55], et sont toutes les deux dans un veau blanc, sur lequel le décor doré ressort assez mal (ill. 7, p. 51).

On continue aussi en Italie de décorer à froid, comme le montrent les *Poemata ad Franciscum primum regem Galliae* de Lelio Manfredi, l'un des trois manuscrits offerts par cet auteur au roi de France et le seul à avoir conservé sa reliure ancienne, que De Marinis localise à Rome[56]. Je suggérerais plutôt une origine bolonaise, comme la famille de son auteur, ou milanaise (ill. 8, p. 51).

Simon Vostre

Du côté français, une seule reliure dorée figure parmi les reliures exécutées pour François Ier avant 1530. Réalisée en veau fauve doré et estampé, elle fait partie d'un groupe constitué de reliures faites pour Louis XII, longtemps localisé à Blois. Jacques Guignard l'a rendu à Paris et à l'atelier de Simon Vostre. C'est encore un Italien, le poète Fausteo Andrelini (Fauste Andrelin), qui offre à François Ier ce *Carmen de pacifica Francorum regum successione*, orné d'une peinture de dédicace au premier feuillet. Ce manuscrit rédigé à Paris en 1515 décrit l'entrée du roi dans la capitale après son avènement. L'auteur, né à Forli mais professeur à l'Université de Paris et mort dans cette ville en 1518, est un bon représentant des nombreux Italiens qui gravitent autour du roi et de la cour à cette époque[57].

Le groupe auquel appartient cette reliure aux fers italianisants est tout à fait à part dans la production française et joue en quelque sorte un rôle de charnière entre les exemples précédents dans leur majorité italiens ou provinciaux et d'aspect malgré tout assez « ordinaire », et la production des années suivantes, essentiellement parisienne et luxueuse.

53 Ms. latin 8400 ; A. Petrucci, « Copisti e libri manoscritti dopo l'avento della stampa », dans *Scribi e colofoni. Le sottoscrizioni di copisti dalle origini all'avento della stampa*, Spolète, 1995, p. 518, n. 30 ; T. De Marinis, *La Legatura*, n° 2620 ; Ch. Samaran et R. Marichal, *Catalogue*, III, p. 47. **54** Ms. italien 1469 ; L. Delisle, *Le Cabinet des manuscrits*, I, p. 165, n. 2 et III, p. 350 ; L.-M. Michon, *La Reliure française*, Paris, 1951, p. 148 ; T. De Marinis, *La Legatura*, n° 2621 ; A. R. A. Hobson, *Humanists and Bookbinders*, p. 166 ; M.-P. Laffitte et F. Le Bars, *Reliures royales de la Renaissance*, n° 21. **55** Mss latins 6284 et 12948 ; L. Delisle, *Le Cabinet des manuscrits*, II, p. 46. **56** Ms. italien 1039 ; E. Picot, *Les Italiens en France*, p. 151 ; T. De Marinis, *La Legatura*, n° 433 ou 1247c. **57** Ms. latin 8397 ; Ch. Samaran et R. Marichal, *Catalogue*, III, p. 47 ; L.-M. Michon, *La Reliure française*, p. 45-48 ; *id.*, « Les reliures exécutées pour François Ier », *Gazette des beaux-arts*, 1932, p. 314 ; J. Guignard, « Premières reliures parisiennes à décor doré… », *Humanisme actif. Mélanges d'art et de littérature offerts à Julien Cain*, Paris, 1968, II, p. 229-249 ; *id.*, « L'atelier des reliures Louis XII (Blois ou Paris ?) et l'atelier de Simon Vostre », *Studia bibliographica in honorem Herman de La Fontaine Verwey*, Amsterdam, 1966, p. 238-239, n° 27 ; A. R. A. Hobson, *Humanists and Bookbinders*, p. 172-174 ; U. Baurmeister et M.-P. Laffitte, *Des livres et des rois*, n° 57.

Les reliures offertes au roi après 1530

Aucune des reliures évoquées ici ne provient de l'atelier de Fontainebleau, qui travaille presque exclusivement pour la Bibliothèque royale. Elles sont dues à d'autres ateliers parisiens, provinciaux ou étrangers. À quelques exceptions près, parmi lesquelles deux manuscrits grecs copiés par Ange Vergèce, les armes dorées sur les plats ne sont d'ailleurs ni le premier bloc armorié « officiel » existant en deux formats différents qu'Étienne Roffet utilise à partir de 1540, ni le second, en service à Fontainebleau à partir de 1545. Il s'agit plutôt de montages où l'écu de France, le collier de l'ordre de Saint-Michel et les éléments héraldiques et emblématiques comme la salamandre sont indépendants, et composés à l'aide de petits fers juxtaposés. Le décor doré devient de plus en plus original et le veau est supplanté par le maroquin à la fin des années 1530. Enfin, à part les deux manuscrits grecs déjà cités, l'ensemble des volumes présentent des techniques de reliure purement occidentales.

Alors que dans l'exposition qui a eu lieu en 1999 [58] les reliures étaient classées chronologiquement et par ateliers, il m'a paru intéressant de les présenter en fonction de leur donateur : comme on l'a vu plus haut à propos de François Demoulins, une des caractéristiques du règne de François Ier est qu'un certain nombre de ces donateurs ont offert au roi plusieurs ouvrages. Selon les cas, ils ont essayé différentes officines, ou se sont toujours adressés au même ouvrier.

Ange Vergèce

À tout seigneur tout honneur, commençons par Ange Vergèce. Le cas de ce copiste d'origine grecque, d'abord installé à Venise puis entré au service du roi de France en janvier 1539, est particulièrement marquant. Dès son arrivée à Paris, c'est sur du papier français qu'il calligraphie pour François Ier des copies soignées de différents textes grecs. Puis il les confie à différents relieurs parisiens. Ce sont les premiers volumes reliés en France à la grecque, avec des coutures sans nerfs de type byzantin, qui jusque-là étaient complètement inconnues en France. Mais les reliures sont décorées de motifs typiquement français. Deux d'entre elles portent l'un des deux blocs armoriés « officiels » utilisés dans l'atelier du relieur du roi, Étienne Roffet, blocs qui sont habituellement réservés aux commandes de la bibliothèque personnelle de François Ier. Le commentaire d'Hermias sur Platon, orné au premier feuillet des armes royales, est couvert de veau noir épidermé et orné d'un décor doré et argenté, ses tranches sont ciselées sans chiffre (ill. 9, p. 52) : cet ensemble est typique de l'atelier de Roffet [59]. Si les armes du second manuscrit, relié en veau fauve, sont bien les mêmes, le schéma décoratif et celui des fers, un peu différents de la production habituelle de Roffet, témoignent des possibilités de renouvellement

58 M-P. Laffitte et F. Le Bars, *Reliures royales de la Renaissance, passim.* **59** Ms. grec 1827.

de cet atelier[60]. En dehors des copies de Vergèce, un ou deux volumes reliés par Roffet pour François Ier peuvent prétendre avec certitude au statut de manuscrits de dédicace et ce type de plaquettes est plutôt confié au « relieur de Salel ». Nous en verrons des exemples plus loin[61].

Vergèce confie le troisième manuscrit qu'il a copié pour le roi à un autre atelier parisien expérimenté, celui du relieur attitré de Jean Grolier, désigné aujourd'hui sous le nom de Jean Picard[62], et enfin donne le dernier à l'atelier dit « de l'Oiseau qui becquète » (« *pecking crow* »). Il s'agit du *Liber de mysteriis Aegyptiorum* de Jamblichus Chalcidensis[63]. Nommé d'après un fer représentant un volatile en train de picorer, qui ne figure pas sur la reliure commandée par Vergèce, cet atelier est surtout actif dans les années 1540-1545, mais on trouve trace de productions plus anciennes sur des livres imprimés reliés aux armes de François Ier[64]. Si l'on compare les armes accompagnées d'un saint Michel assez particulier, qui sont dorées sur différentes reliures attribuées à cet atelier, on remarque qu'elles présentent des variantes, et on peut douter de l'existence d'une plaque regroupant les éléments héraldiques. Cette composition héraldique figure aussi sur une copie des œuvres de Nicéphore Blemmides, que Vergèce n'a pas copiée mais peut-être donnée au relieur[65].

Les quatre reliures commandées par Vergèce sont tout à fait remarquables par leurs caractéristiques techniques communes, coutures grecques et dos longs, sans doute exigées par le commanditaire. Pour ce qui est du décor, au contraire, c'est la diversité et l'originalité de chaque atelier qui priment. On a l'impression que Vergèce cherche à tester les ateliers parisiens alors en exercice. Rappelons à ce propos qu'il est le futur rédacteur du catalogue des manuscrits grecs de Fontainebleau et qu'il jouera certainement un rôle de premier plan dans l'organisation de l'atelier de Fontainebleau.

Jacques Cappel

Il semble que Jacques Cappel se soit livré au même genre d'exercice que Vergèce. Trois discours concernant des points de droit et de politique adressés au roi par ce juriste parisien, conseiller d'État puis procureur du roi au parlement de Paris,

60 Ms. grec 1439 ; H. Omont, *Catalogue des manuscrits grecs de Fontainebleau sous François Ier et Henri II*, Paris, 1889, p. 34 ; M.-P. Laffitte et F. Le Bars, *Reliures royales de la Renaissance*, n° 7 ; A. R. A. Hobson, *Humanists and Bookbinders*, p. 182. **61** L. M. Michon, « Reliures exécutées pour François Ier », p. 321 ; P. Needham, *Twelve Centuries of Bookbindings, 400-1600*, New York et Londres, 1979, p. 157-162, nos 46-47 ; H. M. Nixon, *Sixteenth-Century Goldtooled Bookbindings in the Pierpont Morgan Library,* New York, 1971, p. 23-27, n° 7 ; A. R. A. Hobson, *Humanists and Bookbinders*, p. 173-174, 178 et 181-182 ; *The History of Bookbinding, 525-1950 A. D.*, catalogue par D. Miner, Baltimore, 1957, n° 249 ; *Catalogue Martin Breslauer*, n° 106, New York, 1982, n° 30. **62** Ms. grec 1655 ; M.-P. Laffitte et F. Le Bars, *Reliures royales de la Renaissance*, n° 19 ; A. R. A. Hobson, *Humanists and Bookbinders*, p. 269. **63** Ms. grec 1980. **64** Commentaires de César, Venise, 1517 (collections Thomas Phillipps et John Abbey) et Proclus en grec, Bâle, 1534 (collection Rahir) ; *Catalogue of Valuable Princted Books and Fine Bindings… J. R. Abbey*, Londres, Sotheby, 21 juin 1965, n° 169 ; M. M. Foot, *The Henry Davis Gift, a Collection of Bookbindings*, Londres, 1978, p. 129-198 ; *Catalogue Martin Breslauer*, n° 106, New York, 1982, n° 33 ; M. Piquard, *Bibliothekswelt und Kulturgeschichte, Mélanges J. Wieder*, Munich, 1937, p. 151 ; H. M. Nixon, *Sixteenth-Century Goldtooled Bindings*, p. 21-23, n° 6 ; P. Needham, *Twelve Centuries of Bookbinding*, p. 178-180, n° 54. **65** Ms. grec 2104.

mort en juillet 1541, existent sous forme de manuscrits de dédicace. Bien que copiés et illustrés avec soin par les mêmes artistes, chacun d'entre eux a été relié, comme ceux de Vergèce, dans un atelier différent, entre 1539 et 1541.

Le premier est l'un des rares manuscrits de dédicace portant le plus petit des blocs armoriés « officiels » du relieur du roi Étienne Roffet[66]; il est relié en veau brun à décor doré. Le second provient d'un atelier très proche de celui-ci, mais ne porte pas les armes du roi[67], et le décor doré et argenté sur maroquin noir ou olive du troisième est attribuable à l'atelier du « relieur de Salel » sur lequel nous reviendrons plus loin[68].

Paolo Pietra Santa

Parmi les donateurs réguliers figurent plusieurs Italiens. Le juriste milanais Paolo Pietra Santa, venu en France pour faire fortune mais mort à Milan en 1550, offre aussi trois manuscrits au roi de France, et d'abord deux versions d'une *Géographie* en latin, l'une en vers et l'autre en prose, couvertes de reliures en maroquin bleu dont une seule nous est parvenue. Elles étaient antérieures à 1538 d'après la mention dans l'exemplaire en vers – « En l'an V^C XXXVIII [*sic*] le roy a laissé ce present livre pour mectre en sa librairye dont je baille mon recepissé au libraire de sa chambre » – signée par Jean de La Barre, employé à la librairie de Blois en 1536[69]. D'après le décor sobre et élégant de son intéressante reliure de maroquin olive, le poème en italien « Di Fontanableo »[70] paraît plus tardif (ill. 10, p. 51). Ces trois reliures sont bien françaises, mais leurs décors limités ne permettent pas de les attribuer à un atelier particulier, encore que le style de la dernière fasse penser au « relieur de Salel ».

Hugues Salel

Entré au service du roi peu après son arrivée à Paris en novembre 1538, Hugues Salel offre lui aussi plusieurs manuscrits à son souverain. Le premier cadeau est un poème sur le thème de la chasse au sanglier, écrit par Hugues Salel et offert au roi à l'occasion de la rencontre d'Aigues-Mortes et du voyage de Charles Quint en France en novembre 1539. La simplicité légèrement archaïsante de la reliure en veau brun estampé à froid, datable de la fin de 1539 ou du début de 1540[71], s'explique mal, sinon par l'urgence ou par l'intervention d'un atelier local (?). En effet, quelque temps après Hugues Salel offre au roi une traduction française de l'*Iliade* en plusieurs volumes, dont six ont encore leurs merveilleuses reliures dorées[72]. Les trois livrets restés dans nos collections

66 Ms. français 3895. **67** Ms. français 5213; L.-M. Michon, « Reliures exécutées pour François Ier », p. 316; M.-P. Laffitte et F. Le Bars, *Reliures royales de la Renaissance*, n° 10. **68** Ms. français 18733. **69** Mss latins 4811 et 8135; L. Delisle, *Le Cabinet des manuscrits*, I, p. 177-178; U. Baurmeister et M.-P. Laffitte, *Des livres et des rois*, n° 59; S. Bamforth, « A forgotten humanist tribute to François Ier: the *Geographia* of Paolo Pietrasanta », *Humanism and Letters in the Age of François Ier*, p. 17-40. **70** Ms. italien 1043. **71** Ms. français 2246; A.-M. Lecoq, *François Ier*, p. 200-202. **72** Mss français 2497-2499; Chantilly, musée Condé, mss 446 et 447; Leyde, bibliothèque universitaire, collection P. Marchand, ms. 57; M.-P. Laffitte et F. Le Bars, *Reliures royales de la Renaissance*, nos 11 a-c; A. R. A. Hobson, *Humanists and Bookbinders*, p. 181.

et les deux tomes conservés au musée Condé ont des décors allant du semé simple du livre I à celui très élaboré du livre VII-VIII, et le livre V aujourd'hui à Leyde a un décor quasi identique à celui d'un livre imprimé en 1541, lui aussi offert à François Ier par son auteur[73]. Cet ensemble donne un éventail complet des possibilités d'un atelier aux contours parfaitement définis déjà par l'historien Nixon puis par Paul Needham[74], mais appelé alors à tort « maître de Fontainebleau », puisqu'il n'a absolument rien à voir avec l'atelier de Fontainebleau. Il paraît plus judicieux de l'appeler du nom du commanditaire de son œuvre la plus complète, sur cette traduction d'Homère par Salel, le « relieur de Salel ». Nous reviendrons sur cet atelier qui dans la dernière décennie du règne semble s'être fait une spécialité des reliures de dédicace en maroquin noir ou olive aux tranchefiles de soie verte, aux liens de soie et aux décors très variés dont plusieurs exemples ornent aussi des ouvrages appartenant à d'autres grands collectionneurs comme le connétable de Montmorency[75].

Les traductions de Plutarque

De nombreuses traductions sont offertes à François Ier avant même son avènement ; mais ce mouvement s'accélère dans les dix dernières années du règne. Le cas des *Vies* de Plutarque est tout à fait significatif à ce sujet[76].

À côté des manuscrits grecs reliés pour Georges de Selve entre 1534 et 1537, alors qu'il est ambassadeur à Venise[77], le département des Manuscrits possède un exemplaire des huit premières *Vies des hommes illustres* de Plutarque, traduites en français par Georges de Selve avec l'aide de son maître l'helléniste Pierre Danès, nommé lecteur de grec par François Ier dès 1530. Le manuscrit et sa reliure de maroquin brun ornée d'un décor orientalisant sont vénitiens[78]. La Fortune et le pot à feu dorés au centre des plats, qui figurent aussi sur une reliure milanaise[79] offerte en 1519 à François Ier, peuvent être considérés comme une allusion à la personnalité du roi.

Après la mort de Georges de Selve en 1540, deux personnages lui succèdent dans la traduction de Plutarque. Le premier est Arnauld Chandon de Pamiers, docteur en droit et prieur de Montferrand. Déjà traducteur de la

73 M.-P. Laffitte et F. Le Bars, *Reliures royales de la Renaissance*, n° 14. **74** H. M. Nixon, *Sixteenth-Century Goldtooled Bookbindings*, p. 23-27, n° 7 ; P. Needham, *Twelve Centuries of Bookbindings*, p. 157-162, nos 46-47. Voir aussi chapitre I, p. 29-30. **75** M.-P. Laffitte et F. Le Bars, *Reliures royales de la Renaissance*, p. 53 et nos 11-16. **76** Sur l'ensemble des traductions de Plutarque, voir R. Sturel, *Jacques Amyot*, *passim*. **77** M.-P. Laffitte et F. Le Bars, *Reliures royales de la Renaissance*, p. 15 et n° 22. **78** Ms. français 733 ; A. R. A. Hobson, « Les reliures italiennes de la bibliothèque de François Ier », *Revue française d'histoire du livre*, n° 36 (1982), p. 410-412 ; *id.*, *Humanists and Bookbinders*, p. 166 ; J. Irigoin, « Les ambassadeurs à Venise et le commerce des manuscrits grecs dans les années 1540-1550 », *Venezia centro di mediazione tra Oriente e Occidente…, Atti del II Convegno Internazionale di Storia della Civilta Veneziana (Venise, 3-6 oct. 1973)*, II, Florence, 1977, p. 400 ; T. De Marinis, *La Legatura*, nos 1659 et 2621 ; Ph. Hoffmann, « Sur quelques manuscrits vénitiens de Georges de Selve », *Paleografia e codicologia greca, Atti del Colloquio internazionale (Berlin-Wolfenbüttel, 17-21 oct. 1983)*, Alexandrie, 1991, *passim* ; L.-M. Michon, *La Reliure française*, p. 148. **79** Ms. italien 1469 ; L. Delisle, *Le Cabinet des manuscrits*, I, p. 165, n. 2 et III, p. 350 ; L.-M. Michon, *La Reliure française*, Paris, 1951, p. 148 ; T. De Marinis, *La Legatura*, n° 2621 ; A. R. A. Hobson, *Humanists and Bookbinders*, p. 166 ; M.-P. Laffitte et F. Le Bars, *Reliures royales de la Renaissance*, n° 21.

Fortune des Romains, Chandon offre au roi plusieurs chapitres des *Vies*, couverts de reliures en maroquin olive, dont six sont conservées à travers le monde[80]. Le second traducteur est plus connu : c'est l'helléniste Jacques Amyot lui-même, qui consacre toute son activité d'érudit à Plutarque. Le célèbre humaniste né en 1513, qui sera en 1557 précepteur des enfants d'Henri II et en 1560 grand aumônier de France, traduit pour le roi quatre vies[81] dont il confie la copie à un scribe professionnel, Adam Charles. Seules trois ont encore leur reliure originale.

Les motifs de la traduction de Chandon sont des semés assez simples, de plus en plus serrés et denses au fur et à mesure que défilent les tomes : trois fers, puis quatre et enfin cinq composent les alignements (ill. 11, p. 53). Bien que ces semés soient difficiles à attribuer à un atelier précis en raison de l'absence de fers décoratifs, on peut cependant les rapprocher sans grand risque de la première reliure réalisée pour Hugues Salel par le « relieur de Salel » vers 1540.

Les reliures commandées par Amyot (ill. 12-14, p. 53 et 54) proviennent quant à elles certainement de ce même atelier du « relieur de Salel », comme en témoignent le matériel de fers et la structure de leurs décors, mais elles sont un peu plus tardives : la reliure de la *Vie de Sertorius* est à comparer avec celle d'une édition d'Aristote datée de 1543 et reliée aux armes de François Ier, qui présente une structure assez proche et un encadrement presque identique[82]. Soulignons ici l'originalité et l'élégance de tous ces décors et en particulier celui de la troisième reliure, qui n'a pas son équivalent parmi les reliures commandées par Salel et qui nous permet de découvrir un nouvel aspect de la créativité et du talent d'un doreur parmi les plus originaux de son temps.

Les manuscrits scientifiques : Oronce Fine, Guido Guidi

Pour ce qui est du mathématicien, astronome et cartographe Oronce Fine, premier lecteur royal en mathématiques, l'édition imprimée qu'il présente au roi en 1536 est couverte, d'après les anciens inventaires de la Librairie royale de Blois, d'une reliure classique de velours bleu brodé de fleurs de lys, mais ses deux manuscrits de dédicace, autographes et ornés de superbes dessins techniques eux aussi de la main d'Oronce Fine, sont reliés en cuir[83].

L'une de ces reliures est à première vue ambiguë : bien que dédiée au roi, elle porte dauphins et fleurs de lys. L'explication s'en trouve dans l'imprimé de 1536 dont le frontispice présente la même association inattendue. C'est en fait une allusion aux origines de l'auteur, qui était né à Briançon, et à son statut de

80 Mss français 1399, 1402 et 24927 ; New York, Pierpont Morgan Library, ms. 44 (*Catalogue Martin Breslauer*, n° 106, New York, 1982, n° 39) ; Chantilly, musée Condé, mss 1018 et 1286 ; R. Sturel, *Jacques Amyot traducteur des* Vies parallèles *de Plutarque*, Paris, 1909, p. 9-11 ; A. R. A. Hobson, *Humanists and Bookbinders*, p. 181. **81** Mss français 1395, 1396, 1400 et 1401 ; R. Sturel, *Jacques Amyot traducteur des* Vies parallèles *de Plutarque*, *passim* ; Cioranescu, *Vie de Jacques Amyot*, p. 45-47. **82** M.-P. Laffitte et F. Le Bars, *Reliures royales de la Renaissance*, n° 15. **83** Mss français 1334 et 1337 ; *À la découverte de la terre. Dix siècles de cartographie*, Paris, 1979, n° 101 ; U. Baurmeister et M.-P. Laffitte, *Des livres et des rois*, n° 59 ; A. R. A. Hobson, « Une note sur le fer de reliure d'un dauphin », *Bulletin du bibliophile*, 1990/1, p. 139-142.

lecteur royal. Les deux manuscrits, datés respectivement de 1538 pour le *Traité de la composition d'un instrument qu'on appelle le quarré geometrique* et de 1543 pour *L'Art et la manière de trouver la longitude*, sont couverts de reliures de veau fauve semblables et paraissent avoir été confiés ensemble à un atelier vraisemblablement provincial, peut-être dauphinois, en 1543 (ill. 15, p. 53).

Ce sont trois recueils manuscrits concernant la chirurgie, tous copiés en Italie et illustrés de dessins techniques à l'encre, que le médecin florentin Guido Guidi offre au roi de France à son arrivée en France en 1542. Guidi devient par la suite premier médecin de François Ier et lecteur royal en médecine. Il repartira en Italie en 1547, après la mort du monarque.

La première reliure, sur une traduction latine d'un traité d'Hippocrate, est italienne et peut être attribuée au relieur romain « maître Luigi », découvert par Anthony Hobson. Ce « maître Luigi » est connu comme relieur de la chapelle secrète du pape à partir de 1542[84]. La même salamandre que sur le traité d'Hippocrate figure sur certains des quinze manuscrits grecs reliés après octobre 1542 dans l'atelier de « maître Luigi » pour être offerts par le cardinal Nicolas Gaddi[85] à François Ier[86].

Quant au recueil de traités de chirurgie de Galien, Oribase, etc., traduits et commentés en latin, recueil illustré par des dessins de Salviati[87], il porte une reliure compliquée et énigmatique dont le décor est composé à partir d'une plaque décorative dont au moins deux exemplaires très proches sont connus, le premier appartenant à l'atelier d'Étienne Roffet, l'autre au « relieur de Salel ».

Le troisième manuscrit apporté d'Italie par Guidi, qui est un recueil en grec des mêmes textes, ne sera relié que sous Henri II dans l'atelier de Fontainebleau, dans un train de reliures datable de l'année 1550.

Reliures isolées

Il me reste à évoquer quelques reliures isolées, dont certaines ne sont pas très spectaculaires. Celle du *Recueil de poésies de circonstances* – signées par Robinet de Sucz, valet et brodeur du roi, Pierre Cruche, Loys Giquet, Jean de Conches[88], peu après novembre 1540 puisque la mort du peintre Rosso y est évoquée – comporte le petit bloc armorié « officiel » d'Étienne Roffet. C'est là un cas facile, mais, pour d'autres, on ne peut pas toujours identifier les ateliers qui en sont responsables[89]. Ainsi pour cette reliure en veau brun noir à décor doré sur un

84 Ms. latin 6861 ; A. R. A. Hobson, « Les reliures italiennes de la bibliothèque de François Ier », p. 426 ; *id.*, *Humanists and Bookbinders*, p. 263 ; T. De Marinis, *La Legatura*, nos 2790-2792 ; M.-P. Laffitte et F. Le Bars, *Reliures royales de la Renaissance*, n° 9. **85** A. R. A. Hobson, « Les reliures italiennes de la bibliothèque de François Ier », p. 421-426 ; *id.*, *Apollo and Pegasus*, Amsterdam, 1975, p. 70-76 ; T. De Marinis, *La Legatura*, nos 2790-2792. **86** Mss grecs 106, 697, 809, 819, 1091, 1197, 1379, 1693, 1841, 2374, 2412, 2417, 2733, 2920 ; De Marinis, *La Legatura*, n° 619 et 667 ; Hobson, *Humanists and bookbinders*, p. 193. **87** Ms. latin 6866 ; L.-M. Michon, « Reliures exécutées pour François Ier », p. 320 ; M.-P. Laffitte et F. Le Bars, *Reliures royales de la Renaissance*, n° 9. **88** Ms. français 2261 ; E. Droz, *Bibliothèque d'humanisme et de Renaissance*, III (1943), p. 43-50 ; M.-P. Laffitte et F. Le Bars, *Reliures royales de la Renaissance*, nos 4 b-c et 6. **89** Ms. français 2089, reliure offerte par Paul Canossa ; L.-M. Michon, « Reliures exécutées pour François Ier », p. 321 ; M.-P. Laffitte et F. Le Bars, *Reliures*

ouvrage d'Éloi Du Mont, dit Costentin, *Resurrection de Jesus Christ*, étudiée autrefois par Charles Astruc, qui est offerte au roi à l'occasion d'un voyage en Normandie pendant l'été 1540 [90]. Bien que les tranches soient ciselées, la couture et le décor maladroits et peu soignés, certainement dus à un atelier local, prouvent par défaut la suprématie des ateliers parisiens à partir de 1540.

Voici une dernière reliure italienne sur un recueil de poèmes de Fausto Sabeo copié à Rome et daté du 1er août 1536 (ill. 16, p. 55) : le médaillon en creux doré au milieu des plats, destiné à recevoir le titre de l'œuvre, est caractéristique d'un atelier romain travaillant pour le pape Paul III après 1536 [91]. Sabeo est aussi un habitué des manuscrits de dédicace : il réoffrira les mêmes épigrammes à Henri II quelques années plus tard.

Quelques grands décors

Je terminerai avec quatre reliures de qualité inégale mais d'un grand intérêt, qui témoignent de la production des quatre plus importants ateliers parisiens des années 1540. Trois d'entre elles sont inédites.

La première, en maroquin olive à décor doré (ill. 17, p. 56), couvre un *Poème à propos d'un des fils de François Ier*, écrit sur parchemin et non daté, mais portant les armes parties de France et de Milan, qui sont celles de François Ier à cause de son arrière-grand-mère Valentine Visconti. Le décor, qui ne comporte aucun fer, a été imputé à Claude Picques à une époque où l'on attribuait à ce dernier la production aujourd'hui rendue à Jean Picard [92]. Cette attribution me paraît injustifiée et le fond pointillé utilisé pour faire ressortir les deux cartouches contenant les inscriptions rappelle plutôt, malgré l'absence des armes « officielles » du roi, deux productions tardives d'Étienne Roffet qui m'ont été signalées par Fabienne Le Bars : l'une d'entre elles, aussi en maroquin vert, couvre un exemplaire des *Phoenomena* d'Antoine Mizauld, édités et vraisemblablement offerts au roi en 1546.

Une traduction française anonyme des *Oraisons olynthiaques* de Démosthène datée de 1546 porte une reliure en maroquin noir à décor doré (ill. 18, p. 57), qui est donc la reliure la plus tardive sur un manuscrit offert à François Ier. Même si le décor des plats ne contient pas de fers, à part le F couronné, on peut le rapprocher de la production du « relieur de Salel » [93], à cause du petit fleuron doré dans les entre-nerfs du dos [94]. Cette création est très proche de la troisième reliure d'Amyot, où l'on voit le même chiffre couronné. Les deux manuscrits pourraient-ils avoir le même donateur ?

royales de la Renaissance, n° 17. **90** Ms. français 2238 ; Ch. Astruc, « Une reliure inédite aux armes de François Ier », *Mélanges De Marinis*, I, 1964, p. 33-42. **91** Ms. latin 8401 ; E. Picot, *Les Italiens en France au xvie siècle*, p. 153, n. 3 ; Ch. Samaran et R. Marichal, *Catalogue*, III, p. 49 ; A. Ruysschaert, *Legature papali da Eugenio IV a Paolo VI*, Rome, 1977, p. 35-53 ; A. R. A. Hobson, *Humanists and Bookbinders*, p. 180 ; T. De Marinis, *La Legatura*, nos 594, 677 et *passim*. **92** Ms. français 25456. **93** Mss français 2143, grec 1007 et latin 6659 ; M.-P. Laffitte et F. Le Bars, *Reliures royales de la Renaissance*, nos 11-16 ; A. R. A. Hobson, *Humanists and Bookbinders*, p. 178 et 181. **94** Ms. français 25394 ; L. Delisle, *Le Cabinet des manuscrits*, II, p. 257-258.

Provenant de l'atelier dit « de l'Oiseau qui becquète », voici la reliure en veau fauve d'une traduction française par Jacques Colin, humaniste, abbé de Saint-Ambroise, mort en 1547, lecteur du roi depuis 1529, traducteur du *Courtisan de Castiglione*. Il s'agit ici du livre XIII, traitant du débat d'Ajax et d'Ulysse à propos des armes d'Achille, des *Métamorphoses* d'Ovide[95], qui sera édité à Lyon en 1547. Difficile à dater, mais sans doute antérieur à 1540, le décor doré sur les plats est trop chargé pour être véritablement élégant (ill. 19, p. 59). Il comporte le fer particulier qui a donné son nom à cet atelier, un abondant matériel très proche de celui des autres ateliers parisiens, et des fers plus originaux qui caractérisent l'atelier, comme les deux médaillons bien visibles ici.

On terminera avec une deuxième création à mettre au crédit de Jean Picard, « marchand libraire et relieur de livres » en relation d'affaires avec Francesco d'Asola et Jean Grolier, représentant des Alde en France, qui a été découvert par Annie Charon[96]. Le traducteur des *Paraphrases sur l'Évangile de saint Matthieu* d'Érasme, René Fame, notaire et secrétaire du roi, originaire de Tours, est un ami de Grolier et les peintures qui ornent le manuscrit sont du maître d'Étienne Le Blanc que j'ai cité plus haut à propos d'un des volumes dédicacés à Louise de Savoie. Jean Picard a peu travaillé pour le roi, mais on retrouvera une partie de son matériel dans l'atelier de Fontainebleau : les fers utilisés dans les coins de cette reliure de maroquin olive sont identiques aux fleurons dorés (tableau VI*) sur la reliure de Picard commandée par Vergèce citée plus haut, mais aussi sur trois reliures tardives aux armes de François Ier, dont le décor sort de l'ordinaire, ainsi que sur quelques reliures du début du règne d'Henri II, toutes réalisées dans l'atelier de Fontainebleau[97].

L'ensemble de ces reliures de dédicace illustre bien les possibilités qu'offrent les ateliers de reliure aux donateurs pour leurs cadeaux, là où réside le prince puis le roi, d'abord surtout dans le Val-de-Loire, puis en Italie et enfin presque exclusivement à Paris, et témoignent de l'évolution de la reliure entre 1515 et 1547.

95 Ms. français 2328 ; article « Jacques Colin », *Dictionnaire des lettres françaises, XVIe siècle*, p. 185 ; E. Picot, *Les Français italianisants au XVIe siècle*, Paris, 1906, I, p. 59. **96** Ms. français 934 ; J. Guignard, « Humanistes tourangeaux », *Humanisme et Renaissance*, 1940, p. 156-168 ; L.-M. Michon, « Reliures exécutées pour François Ier », p. 318 et pl. ; A. R. A. Hobson, *Humanists and Bookbinders*, p. 269. **97** Mss grecs 2373, 2917 et surtout 1859 aux armes de François Ier, 1037, 1044, 1052 et 1054 aux armes d'Henri II ; les fers aujourd'hui attribués à Picard figurent sous le nom de Claude Picques dans H. M. Nixon, *Bookbindings from the Library of Jean Grolier*, Londres, 1965, pl. E-F ; voir chapitre II, p. 35 et 39.

* Cf. annexes.

Le travail des doreurs dans l'atelier de Fontainebleau à la fin du règne de François Ier (1545-1547)

Cet exposé découle d'une constatation que j'ai faite il y a quelques années, au cours de mes premières investigations et de mes premiers essais de classification des reliures royales françaises du XVIe siècle protégeant des manuscrits grecs. Ces reliures, réalisées à partir de 1545 et toutes destinées à la Bibliothèque royale de Fontainebleau, font aujourd'hui partie du fonds grec du département des Manuscrits[98]. J'avais alors remarqué que ces reliures paraissaient constituer des familles extrêmement homogènes, à l'intérieur desquelles les techniques de couture, et en particulier les types de tranchefiles, étaient tout à fait semblables. Mais surtout j'avais pu, à l'intérieur de ces familles fondées sur les éléments techniques, regrouper en séries plus ou moins homogènes les genres de décors qui les ornaient.

On pouvait en effet facilement classer ces reliures d'après les couleurs, or ou argent, utilisées pour tracer les décors, et surtout d'après les motifs ornant les plats et les dos des couvrures. Leurs dessins semblables et parfois rigoureusement identiques donnaient l'impression d'avoir été copiés les uns sur les autres. Ce phénomène m'avait paru à l'époque assez rare et étonnant pour que j'essaie d'en comprendre les raisons, d'autant que le nombre de reliures concernées rendait possible une étude d'ensemble. Pour ce travail, Dominique Grosdidier a bien voulu mettre à ma disposition sa connaissance approfondie de la reliure grecque et en particulier des techniques de couture utilisées dans le monde byzantin. La compréhension de ces techniques adaptées aux possibilités des ouvriers français devait nous faciliter le classement de ces reliures, les premières réalisées en France sur des manuscrits grecs. Je remercie aussi Pascal Ract-Madoux qui a bien voulu examiner toutes ces reliures avec moi. Les lignes qui suivent sont donc le résultat d'un travail collectif.

Premiers classements

Les manuscrits reliés pour la Bibliothèque royale à partir de 1545 présentent en effet des caractéristiques très particulières, aussi bien du point de vue des techniques utilisées pour les relier, qui rappellent fortement la reliure byzantine[99],

98 Les reliures de ces manuscrits sont décrites succinctement dans le catalogue des manuscrits grecs de la Bibliothèque royale de Fontainebleau ; H. Omont, *Catalogue des manuscrits grecs de Fontainebleau, passim.* **99** B. Van Regemorter, « La reliure byzantine », *Revue belge d'archéologie et d'histoire de l'art*, n° 36 (1967), p. 99-162 ; J. Irigoin, « La reliure byzantine », dans E. Baras, J. Irigoin et J. Vezin, *La Reliure médiévale, trois conférences d'initiation*, Paris, 1978, p. 23-35.

que du point de vue des décors appliqués sur les dos, les plats et les tranches, qui eux sont typiquement français. Ce sont ces caractéristiques qui nous ont permis d'avancer l'hypothèse de leur attribution à un seul atelier, spécialement organisé pour ce programme, et dont les liens avec le relieur du roi officiel, qui sous François Ier est sans doute encore Étienne Roffet, sont certains mais difficiles à préciser en l'absence de tout document d'archives sur lequel s'appuyer. C'est cet atelier que Fabienne Le Bars et moi avons décidé d'appeler l'« atelier de Fontainebleau », avec toutes les précautions possibles, puisque nous ne possédions pas non plus de document venant confirmer sa localisation à Fontainebleau même. Cet atelier continuera de fonctionner jusqu'en 1552. Pour toutes ces questions, et en particulier pour les liens de cet atelier avec le relieur du roi, je renvoie le lecteur au catalogue de l'exposition qui a eu lieu au printemps 1999[100].

Je souhaite présenter ici de façon plus approfondie les remarques que nous a suggérées l'examen des reliures réalisées pendant les trois premières années d'activité de l'atelier, c'est-à-dire jusqu'à la mort de François Ier, et les hypothèses que nous pouvons avancer à propos de leur réalisation, tout en essayant de comprendre comment tout cela s'organise.

Il ne faut jamais perdre de vue qu'on se propose alors de donner à relier plus de cinq cents volumes et que les organisateurs de l'atelier de Fontainebleau, quels qu'ils soient, ont certainement en tête l'ampleur de la tâche à accomplir : dès le début, l'importance du programme de reliure envisagé exige la création d'un atelier particulier et, surtout, a des conséquences importantes sur les conditions matérielles dans lesquelles les ouvriers y travaillent dès les premières années et sur les solutions apportées, qui ont laissé des traces sur les reliures.

Parmi les neuf cents reliures royales françaises du XVIe siècle conservées au département des Manuscrits, on reconnaît facilement les cent soixante-dix réalisées sous François Ier dans l'atelier de Fontainebleau, parce qu'elles portent toutes un bloc armorié créé spécialement pour elles, où les armes et le chiffre du roi sont accompagnés de sa fameuse salamandre emblématique dans une composition tout à fait différente de celle des « blocs armoriés » utilisés auparavant pour les reliures royales dans l'atelier d'Étienne Roffet. Sur les reliures de petit format, peu nombreuses[101], cette plaque de grande taille occupe toute la place.

Il s'agit exclusivement de textes en grec, choisis parmi les cinq cents manuscrits grecs acquis de diverses manières à partir de 1538 et destinés à la bibliothèque de l'hypothétique Collège royal réclamé par Budé et de nombreux autres savants[102]. Sous François Ier, le programme de reliure lancé en 1545 leur

100 M.-P. Laffitte et F. Le Bars, *Reliures royales de la Renaissance*, p. 39-40 et 79. **101** Voir par exemple l'exemplaire imprimé de Grégoire de Naziance relié aux armes de François Ier ; M.-P. Laffitte et F. Le Bars, *Reliures royales de la Renaissance*, nº 39. **102** A. Coron, « Collège royal et Bibliotheca regia », *Les Origines du Collège de France, (1500-1560)*, Actes du colloque de Paris (décembre 1995), Paris, 1998, p. 143-183.

est réservé. En effet, seuls deux livres imprimés, eux aussi en grec [103], sont reliés dans l'atelier de Fontainebleau avant 1547.

Rappelons enfin que ces reliures sont réalisées entre l'été 1545 environ et le 31 mars 1547, soit en dix-neuf mois. C'est un laps de temps très court qui, en l'absence de tout document extérieur, est déterminé d'une part par la mort du roi et d'autre part par la date de copie du manuscrit le plus récent qui soit entré sous François Ier dans les collections royales. Ce manuscrit contient des commentaires sur Aristote de Théodore Métochita, copiés à Rome pour le cardinal Georges d'Armagnac. Écrit de la main du célèbre copiste Christophe Auer, alors installé à Rome, il porte au colophon la date du 30 juin 1545 [104]. Il fait partie d'un des premiers groupes de manuscrits reliés en France pour la Bibliothèque royale de Fontainebleau : sa couture (sur nerfs coupés) est en effet caractéristique des débuts de l'atelier. C'est lui qui permet de fixer à l'été 1545 le début vraisemblable de l'activité de l'atelier de Fontainebleau.

Les techniques

Les techniques de reliure occupent une place importante dans l'étude de l'atelier de Fontainebleau sous François Ier et ce sont elles qui fournissent les premiers éléments chronologiques pour le classement des reliures. Elles sont complètement différentes de tout ce qui se pratique à cette époque dans les autres ateliers français de reliure et plus complexes qu'on ne le croyait jusqu'à présent [105]. Il me faut donc en dire un mot rapide.

Du point de vue des coutures et des tranchefiles, les reliures aux armes de François Ier sont en effet beaucoup plus variées que pendant le règne suivant. D'après les découvertes faites par Monique Vatonne, technicien d'art au département des Manuscrits, et par Dominique Grosdidier, elles présentent des coutures hétéroclites qui au début de l'activité de l'atelier peuvent être regroupées en deux types : le premier correspond à une couture grecque sans nerfs, réalisée le plus souvent en deux blocs et imitant assez strictement des reliures de type « byzantin » [106], avec pour conséquence un dos parfaitement plat, ou « dos long » ; le second consiste en une couture sur nerfs de peau coupés au ras des mors, couture extrêmement particulière qui s'apparente à l'emboîtage et qui est une nouveauté en France. Assez rapidement, semble-t-il, ces deux types de couture sont remplacés par un troisième, qui deviendra la norme sous Henri II à partir de 1547. Il s'agit d'une couture grecquée sur nerfs de ficelle, ce qui veut dire que les nerfs sont logés dans des entailles appelées « grecques », opérées au dos des cahiers. Cette technique permet aux reliures de garder des dos longs à l'imitation des reliures grecques.

103 M.-P. Laffitte et F. Le Bars, *Reliures royales de la Renaissance*, n° 39. **104** Ms. grec 1936 ; M.-L. Concasty et Ch. Samaran, « Christophe Auer copiste de grec et de latin au xvie siècle », *Scriptorium*, XXIII, 1969, p. 199-214, n° 14. **105** J. Vezin, *Évolution des techniques de la reliure médiévale*, Paris, 1973, p. 15 ; J. Toulet, *Introduction à l'histoire de la reliure française, xve-xviiie siècle*, Paris, 1973, p. 20. **106** D. Grosdidier de Matons et Ph. Hoffmann, « La couture des reliures byzantines », *Recherches de codicologie comparée*..., Paris, 1998, p. 205-254.

Les tranchefiles accompagnant les coutures des toutes premières reliures de l'atelier de Fontainebleau sont elles aussi hétéroclites, à un gros chevron ou à deux ou trois étages. En même temps que les coutures s'uniformisent, elles sont remplacées par des tranchefiles à peu près « normalisées », se limitant en fait à deux variantes très proches d'un même type : ces tranchefiles normalisées sont constituées d'un point de broderie bicolore bleu et naturel surmonté d'un chapiteau naturel. Comme on peut le voir sur des volumes reliés vers 1547-1548 [107], ce type sera encore largement employé au début du règne d'Henri II, puis subira d'autres évolutions dans les années suivantes [108].

Selon ces critères, les reliures aux armes de François Ier peuvent donc être divisées en deux groupes : en 1545 les reliures aux techniques « hétéroclites », et à partir de 1546 environ celles qui sont « normalisées ».

Pour résumer, deux constatations doivent être présentes à l'esprit à propos du travail des relieurs, indépendamment de celui des doreurs. La première est que le travail des relieurs est immédiatement organisé de la manière la plus efficace et la plus rapide possible : c'est le but de la couture sur nerfs coupés au mors, qui permet de placer sur le cousoir et de coudre plusieurs volumes à la fois. Des pratiques semblables concernent aussi les volumes portant une couture grecquée : plusieurs volumes sont préparés en même temps avant d'être cousus sur le même nombre de nerfs. Un article approfondi sera publié par Dominique Grosdidier sur cette question.

Pour ce qui est de la seconde constatation, on remarque qu'entre 1545 et 1547, l'effort d'organisation de l'atelier se traduit rapidement par l'abandon des techniques variées et sans doute mal maîtrisées par les ouvriers français du début, comme la couture grecque, et par l'uniformisation du travail, avec l'adoption de la couture grecquée : cette technique vient, elle aussi, d'ailleurs (elle a vraisemblablement été inventée en Italie, à Venise ou plutôt à Rome), mais les relieurs d'Europe occidentale doivent l'intégrer plus facilement dans leurs pratiques que la couture sans nerfs, trop éloignée de leurs habitudes.

Les décors

Bien que typiquement français et reprenant des motifs déjà vus ailleurs, les décors des cent soixante-dix manuscrits grecs aux armes de François Ier diffèrent eux aussi de la production contemporaine. Dès 1545, ils présentent des points communs forts, comme leur exacte similitude sur les deux plats, leur inscription dans une bordure en forme de rectangle, ou l'utilisation systématique d'or et d'argent en alternance. Le schéma des dos y est organisé selon un patron immuable, un semé encadré d'un motif répété en tête et en queue, et les semés héraldiques y tiennent une place importante [109]. Mais ces reliures

107 *Les Tranchefiles brodées. Étude historique et technique*, Paris, 1989, p. 62-63, n° 21 ; M.-P. Laffitte et F. Le Bars, *Reliures royales de la Renaissance*, n° 44. **108** *Les Tranchefiles brodées*, p. 64-65, n° 22. **109** Pendant toute la durée de l'activité de l'atelier de Fontainebleau, l'organisation des fers héraldiques, c'est-à-dire la composition et la couleur des semés, leur emplacement sur les plats et le dos, soulève de nombreuses questions non résolues que je n'aborderai pas ici.

présentent aussi des variantes qui les divisent comme leurs aspects techniques en deux familles distinctes.

Sur une première série de cinquante-neuf reliures, les deux plats présentent la même alternance simple de couleurs entre le décor et les armes : l'or du décor répond à l'argent du cartouche ou vice versa, mais décor et armes sont parfois de la même couleur, en particulier sur des cuirs de couleur citron. Certains volumes présentent un dos entièrement argenté et sur les plats un semé composé uniquement du chiffre couronné (c'est-à-dire sans la fleur de lys qui devient habituelle par la suite). Parmi ces reliures, cinquante-trois sont décorées, dans le rectangle décoratif particulier à l'atelier de Fontainebleau, de motifs sans fers, uniquement composés de filets droits et courbes et d'entrelacs ; malgré la variété des motifs, ces reliures sont d'une grande unité artistique.

Les cent onze reliures du second groupe montrent, à part quelques volumes de très petit format, des décors intégrant des fers, des dos totalement uniformisés, ainsi qu'une alternance d'or et d'argent plus compliquée que sur la série précédente. Les couleurs du décor et des armes ne sont plus jamais identiques et, de surcroît, elles sont inversées sur les plats. Ce qui est doré d'un côté est argenté de l'autre, et vice versa.

La couleur des maroquins et les motifs ciselés sur les tranches varient aussi selon que les reliures entrent dans la série des décors « sans fers » ou dans celle des décors « avec fers ». Les groupes de reliures constitués d'après ces caractéristiques techniques d'une part, ornementales d'autre part, se recoupent quasi parfaitement : on se retrouve donc avec deux types de reliures distincts.

Le tableau I intègre ces données de façon à rendre compréhensible la réalité des deux groupes. Sur la première ligne figure le détail des reliures dont les aspects techniques, coutures et tranchefiles, sont « hétéroclites » et dont les décors sont majoritairement tracés sans petits fers décoratifs. Je les désignerai par le qualificatif de « primitives », parce qu'il s'agit des premières créations de l'atelier de Fontainebleau, datables de 1545. Sur la seconde ligne sont indiquées les caractéristiques des reliures techniquement « normalisées », qui sont identiques à celles des premières années du règne d'Henri II. Leurs plats présentent, chaque fois que le format du volume le permet, un décor comprenant des fers décoratifs. J'appellerai donc « tardives » ces créations datables des années 1546-1547.

Des séries

Au-delà de ces classements, la particularité la plus remarquable de cet ensemble est la possibilité que le plus grand nombre des reliures offrent d'être regroupées en séries présentant des décors identiques. Comme pour les coutures, le travail de dorure dans l'atelier de Fontainebleau entre l'été 1545 et mars 1547 paraît rapidement organisé de façon à ce que soit atteinte la plus grande « productivité » possible, à travers différentes méthodes facilitant la mise en place des décors.

Les premiers systèmes de reproduction

Qu'il s'agisse de décors réalisés à l'unité ou en série, le cuir des reliures de l'atelier de Fontainebleau porte des traces de mise en œuvre dont il est intéressant d'essayer de comprendre la finalité. Les deux lignes de placement visibles sur toutes les reliures, l'une verticale, l'autre horizontale, qui se croisent au milieu des plats, servent à mettre en place peut-être le décor mais surtout le cartouche armorié, mais d'autres traces plus variées procèdent de types différents de repérage et de placement des motifs sur les cuirs de couvrure.

Une série de reliures sans fers

Si, parmi les cinquante-neuf reliures « primitives », c'est-à-dire celles qui sont hétérogènes par leurs coutures et leurs tranchefiles, on examine les cinquante-trois reliures qui portent des décors sans fers, on peut dire qu'elles ont sans doute été réalisées par plusieurs doreurs, dont un excellent. Ces ouvriers se sont certainement inspirés de dessins utilisés à cette époque dans les arts décoratifs, la broderie, l'architecture, mais s'ils ont fréquemment repris dans leurs compositions des motifs semblables, les formats des décors et leurs agencements sont chaque fois assez différents pour que l'on en déduise qu'il ne s'agit pas de copies : l'examen permet d'ailleurs de constater que ces décors sont tracés soit à main levée, soit à l'aide d'un compas directement sur le cuir des reliures, et sont donc chaque fois uniques. Prenons le cas d'une reliure de cuir citron[110] ornée d'entrelacs où le décor et les armes sont exceptionnellement entièrement dorés : toutes les parties rondes y ont été tracées à l'aide d'un compas et la trace de l'instrument est tout à fait visible, sur le cuir au centre des cercles et dans les compositions des coins (ill. 20, p. 58). Sur une autre reliure[111], on aperçoit sous les arabesques, qui ont finalement été dorées, l'esquisse à froid d'un motif d'entrelacs géométriques qui a vraisemblablement été tracée à la règle (ill. 21 et 22, p. 33 et 34). Un seul groupe de reliures « primitives » échappe à cette règle. Ces reliures, sur neuf manuscrits très anciens[112], sont homogènes : les coutures sont toutes sur nerfs de peau coupés au ras des mors et accompagnées de l'un des trois types de tranchefiles primitives[113], le décor est partout or, le cartouche central argent et l'héraldique monochrome argent, le dos de toutes les reliures est orné du même motif de filets en tête et d'alignements alternés de F couronnés et de fleurs de lys, et la ciselure des tranches est semblable sur tous les volumes. Mais surtout l'encadrement de chaque plat est occupé par une composition de filets redoublés où sont agencés pour chaque reliure deux motifs distincts, l'un placé dans les coins, l'autre occupant le grand côté du rectangle et parfois aussi le petit en fonction du format des volumes.

110 Ms. grec 2149. **111** Ms. grec 1524. **112** Mss grecs 2, 534, 649, 790, 1230, 1463, 2643, 2658 et 454. **113** Mss grecs 2 et 649 : tranchefiles à étages ; 534, 790, 1230 et 1463 : gros chevron monochrome ou bicolore bleu et naturel ; 454, 2643 et 2658 : point bleu et naturel surmonté d'un chapiteau naturel.

21 Atelier de Fontainebleau, deux décors superposés aux armes de François Ier (grec 1524)

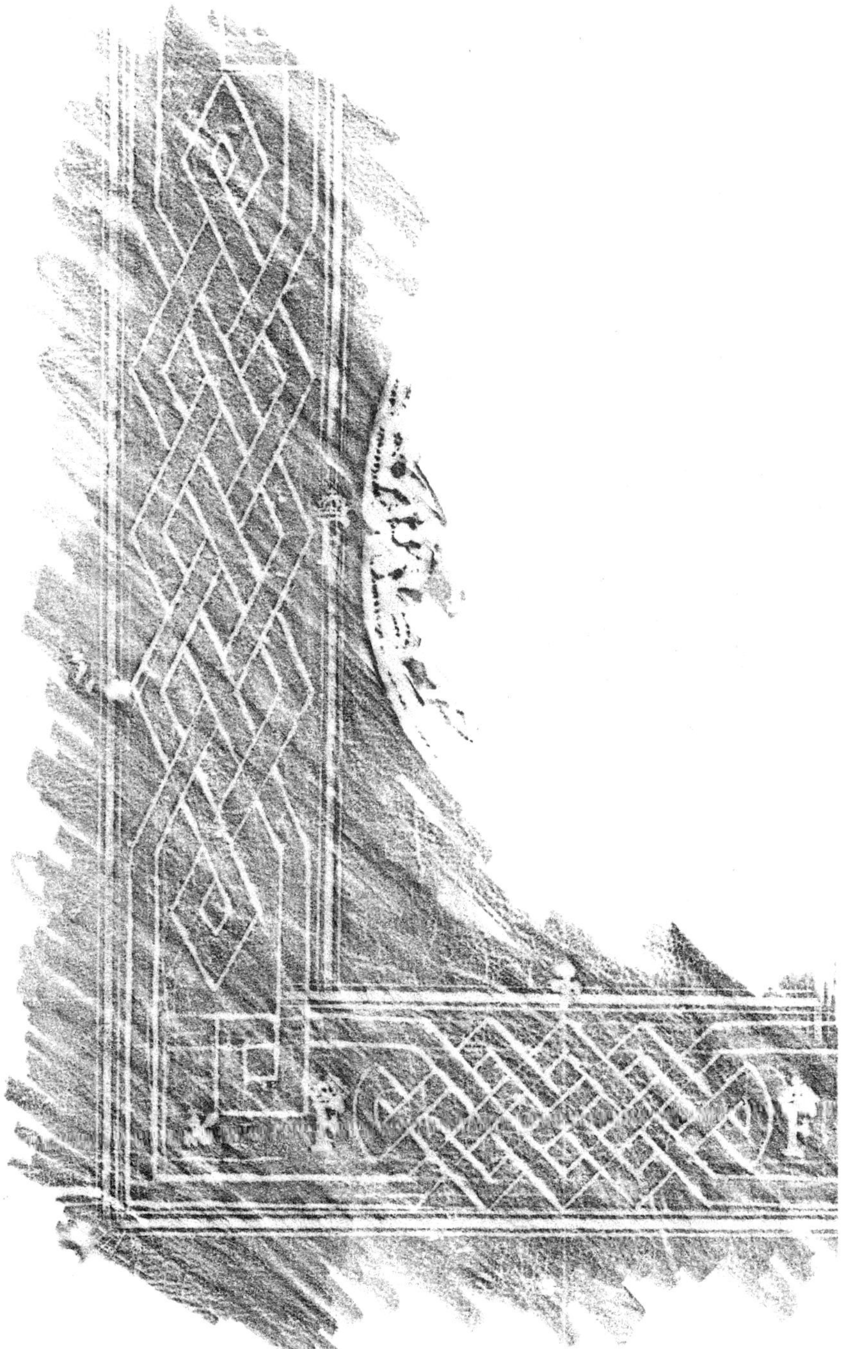

22 Atelier de Fontainebleau, décor d'entrelacs aux armes de François Ier (grec 718), semblable au décor non doré de l'ill. 21

Ces motifs, deux différents pour les coins, et trois autres pour les côtés, forment des nœuds d'entrelacs aux dessins assez compliqués. Ils sont le plus souvent assemblés par paires (tableau II).

Le coin 1 et le côté 1 sont donc liés sur quatre reliures, le coin 2 et le côté 2 sont réunis sur trois reliures, et il y a en plus deux reliures où le même côté 3 est accompagné sur une reliure d'un coin 1 et sur l'autre d'un coin 2.

Les passages dessus-dessous des rubans sont inversés sur ces deux dernières reliures, et pourraient donc être l'œuvre de deux mains différentes. Il pourrait s'agir de deux doreurs, ayant chacun leur particularité consistant en un motif de coin spécifique, qui auraient travaillé parallèlement, l'un aux quatre reliures présentant le coin 1 et le côté 1, l'autre aux trois reliures avec le coin 2 et le côté 2, et qui se seraient partagé les deux reliures où figure le côté 3.

Au-delà de cet aspect un peu anecdotique mais tout à fait plausible, on remarque sur toutes les reliures des traces de piqûres, traces qui encadrent assez systématiquement les motifs en forme de nœuds et indiquent que des modèles correspondant chacun à un motif différent ont été fixés, vraisemblablement à l'aide d'épingles, autant de fois qu'il le fallait sur chaque plat, pour y dessiner les nœuds, alors que le motif plus simple en forme de cercle était dessiné à l'aide d'un compas. L'examen en lumière rasante d'une reliure aux armes d'Henri II, datable vers 1549-1550[114], montre bien que les nœuds sont d'abord esquissés à la pointe sèche, puis dorés et enfin joints par des filets : une légère différence de couleur de l'or peut y être constatée.

La conséquence de ce système est que chaque motif est rigoureusement identique sur les deux plats de la reliure. Mais si l'on examine l'ensemble des reliures semblables de la série (tableau III), on remarque que ce même motif donné est toujours identique et de même taille sur toutes les reliures, ce qui implique qu'elles ont été réalisées à l'aide du même modèle fixé successivement sur les plats de chaque volume. Les variantes de dorure et non de dessin qu'on constate entre les reliures pour deux des motifs placés sur les côtés correspondent en fait plutôt à une erreur ou un oubli au moment de la dorure : pour le premier motif de côté, le rond qui a été doré sur une reliure dans la pointe (ill. 23, p. 59) est bien esquissé sur les trois autres mais n'a pas été doré [115], et pour le second motif de côté, le petit rectangle placé sur la jonction des rubans, qui est bien doré sur deux reliures (ill. 24, p. 59), n'est qu'esquissé sur la troisième [116].

Il s'agit donc bien de reliures réalisées en série à l'aide de cinq modèles différents, sans doute assez rapidement, car la finition est loin d'être parfaite.

Autres séries à entrelacs

C'est peut-être en raison de cette rapidité d'exécution que ce même type de procédé sera repris à la fin du règne de François Ier, pour un autre groupe de

114 M.-P. Laffitte et F. Le Bars, *Reliures royales de la Renaissance*, n° 32 b. **115** Mss grecs 534, 2, 790 et 2643. **116** Mss grecs 649 et 1230, 1463.

reliures aux décors similaires composés d'entrelacs, mais comportant aussi quelques fers.

Cette seconde série aux armes de François Ier comporte douze reliures qui, en raison de leurs coutures sur ficelles et de leurs tranchefiles au point bleu et naturel surmonté d'un chapiteau naturel, sont techniquement « tardives ». Leurs décors sont composés pour les côtés du rectangle d'un nœud d'entrelacs et pour les coins indifféremment soit de l'un des deux fleurons pleins (tableau VI) que l'on connaît comme appartenant à un matériel autrefois attribué à Claude Picques et aujourd'hui donné à Jean Picard, soit d'une composition de filets et de fers azurés typiques de l'atelier de Fontainebleau (tableau IV), eux aussi publiés sous le nom de Claude Picques, qui ne les utilisera que plus tardivement[117]. Nous reviendrons plus loin sur la question des fers.

Bien que les mains qui ont réalisé ces douze nouvelles reliures datables techniquement de l'extrême fin du règne de François Ier semblent tout à fait différentes de celles de la première série, il est intéressant de les passer en revue maintenant, car ces mains se servent en effet d'un système de placement des motifs identique à celui de la série « primitive » : des trous d'épingle indiquent que pour chaque nœud d'entrelacs un modèle commun a été fixé aux emplacements qui lui étaient réservés, puis reporté à la pointe sèche avant d'être doré. De même, les ronds qui occupent les espaces laissés vacants sur les volumes de grand format sont à nouveau ici dessinés à l'aide d'un compas, comme sur toutes les reliures précédemment citées.

On relève plusieurs nœuds d'entrelacs (tableau II) : trois reliures présentent un nœud en forme de huit[118], trois un nœud plus simple rond ou rectangulaire[119], et six reliures un motif assez compliqué évoquant le cannage[120]. Elles sont réalisées d'une manière un peu négligée par un seul doreur qui ne maîtrise peut-être pas encore parfaitement les liaisons entre les motifs et les filets (ill. 25, p. 59).

Neuf reliures primitives, douze reliures tardives aux armes de François Ier sont donc réalisées selon cette technique du modèle épinglé sur le cuir de couvrure, qui permet certainement de simplifier et d'accélérer le travail du doreur, tout en variant si on le souhaite les compositions. Ces chiffres assez proches sont-ils le fait du hasard, ou correspondent-ils à une charge de travail programmée pour une semaine, une quinzaine, un mois ? En l'absence de sources, il est difficile de se prononcer.

Sous Henri II, ce procédé de reproduction commode et rapide, mais demandant une certaine dextérité, est de nouveau utilisé à partir de 1549-1550, pour plusieurs décors comportant ou non des fers[121]. Sur une série plus tardive

117 L'ensemble de ces fers est regroupé sous le nom de Claude Picques dans H. M. Nixon, *Bookbindings ...*, pl. C-F ; voir aussi chapitre I, p. 26 et chapitre II, p. 39. **118** Mss grecs 1786, 130 et 1823. **119** Mss grecs 1938, 1437 et 2982 ; M.-P. Laffitte et F. Le Bars, *Reliures royales de la Renaissance*, n° 40 c. **120** Mss grecs 2556, 1363, 1426, 1996, 2162 et 2899. **121** M.-P. Laffitte et F. Le Bars, *Reliures royales de la Renaissance*, n° 51.

encore, qui prend place vers 1551-1552, des motifs plus nombreux que sous le règne précédent, mais surtout des combinaisons plus variées et des rehauts de couleur apportent à ces reliures (ill. 26, p. 60) leur aspect diversifié assez prononcé[122]. On utilisera aussi ce système pour des reliures sortant de l'ordinaire, comme celle du grand Ptolémée en latin[123].

Un exemple de copie particulier

L'exercice de copie peut se traduire aussi d'une manière plus subtile : c'est le cas de deux manuscrits grecs contenant l'un les livres XI à XX, l'autre les livres I à X des *Antiquités judaïques* de Flavius Josèphe[124], qui proviennent vraisemblablement tous les deux de l'ambassadeur de France à Venise, Guillaume Pellicier[125]. J'avais classé le premier volume, relié à l'extrême fin du règne de François Ier, dans la série que nous venons de voir, tout en m'interrogeant sur l'absence de fers dans les coins de l'encadrement (ill. 27, p. 61). Cette reliure soignée en cuir bleu n'est vraisemblablement pas un élément de la seconde série vue précédemment, mais plutôt une copie directe du tome II. On y voit en effet exactement le même motif que celui qui a été doré dès 1545 sur ce second volume. Ces deux reliures pourraient par ailleurs avoir servi de modèle pour trois volumes de la série (tableau III) que nous venons d'évoquer[126].

La présence de séries importantes en nombre permet de voir et de comprendre ce système de mise en place. Il s'agit vraisemblablement d'un procédé largement utilisé à cette époque, plus rare sur les reliures destinées à des amateurs, soit parce qu'elles sont plus souvent des pièces uniques, soit parce que les trous d'épingle ont été camouflés, ce qui n'est jamais le cas dans l'atelier de Fontainebleau.

Les maquettes

Après les décors d'entrelacs, pour lesquels existent donc deux méthodes de réalisation différentes, essayons de comprendre ce qui se passe pour les motifs composés avec des fers. Nous commencerons par une demi-douzaine de reliures qui, bien que « primitives » (tableau I), sont ornées de fers.

Six reliures hétérogènes

Pour ce qui est des coutures et des tranchefiles, et aussi du point de vue de l'alternance des couleurs entre les plats, ces six reliures appartiennent bien au

122 *Ibid.*, p. 128-144. **123** Ms. latin 4802 ; M.-P. Laffitte et F. Le Bars, *Reliures royales de la Renaissance*, n° 71 ; A. R. A. Hobson, *Humanists and Bookbinders*, p. 204. **124** Mss grecs 1420 et 1601 ; M.-L. Concasty et Ch. Samaran, « Christophe Auer copiste de grec et de latin au XVIe siècle », p. 199-214, n° 40 ; M.-P. Laffitte et F. Le Bars, *Reliures royales de la Renaissance*, n° 29 ; A. R. A. Hobson, *Humanists and Bookbinders*, p. 185. **125** J. Irigoin, « Les ambassadeurs à Venise… », p. 400 ; M.-P. Laffitte et F. Le Bars, *Reliures royales de la Renaissance*, p. 17-18. **126** Mss grecs 1786, 130 et 1823.

groupe « primitif », mais leurs décors sont totalement différents et on en déduit dès le premier examen qu'elles ont été réalisées dans un autre contexte.

Il s'agit pour moitié de manuscrits anciens en parchemin, très épais et lourds, tous reliés par le même relieur, et pour moitié de manuscrits en papier. Pourquoi n'entrent-ils pas, du point de vue du décor, dans le classement strict et systématique dans lequel la production de l'atelier de Fontainebleau se glisse si facilement ? Voici une description rapide de ces six volumes.

Les trois premiers ont, d'après le catalogue des manuscrits grecs datés de 1549-1551, des couvrures de couleur blanche, assez rare pour le maroquin. Le premier est une copie du XVIe siècle sur papier d'extraits des Pères de l'Église [127], qui a la particularité d'être cousue à la grecque sans nerfs ; les plats sont ornés d'une bordure composée de la répétition d'un unique fer. Le second contient des homélies de saint Jean Chrysostome du XIe siècle sur parchemin [128], cousues sur nerfs de peau coupés et portant un décor de fers et d'entrelacs composite. Le troisième rassemble des commentaires bibliques de saint Cyrille d'Alexandrie du XIe siècle sur parchemin [129], cousus sur nerfs de peau coupés et portant une reliure ornée uniquement de fers.

Les trois autres manuscrits sont un recueil juridique du XVe siècle sur papier [130], cousu sur nerfs de peau coupés et portant une reliure ornée d'arabesques ; des vies de saints en parchemin du XIIe siècle [131], dont la reliure cousue sur nerfs de peau coupés présente deux décors superposés, l'un à base d'entrelacs géométriques qui est seulement esquissé, l'autre comportant des fers dorés ; et enfin d'autres vies de saints du XIIe siècle en parchemin [132], cousues sur nerfs de peau coupés et portant une reliure à décor de fers.

Mis à part la bordure simple, on remarque parmi les décors, de qualité extrêmement variable, deux reliures exceptionnelles ornées d'arabesques, dont l'une comporte aussi une esquisse complètement différente, et une troisième presque exclusivement ornée de fers sur laquelle je reviendrai plus loin.

La première théorie et la plus simple amène à penser qu'il y a eu un décalage entre la réalisation des reliures proprement dites et celle de leurs décors. Ce n'est pas impossible matériellement, d'autant que les ateliers du relieur et du doreur sont certainement indépendants et ne sont peut-être pas situés au même endroit. Celle des reliures qui présente sous le décor de fers l'esquisse d'un décor d'entrelacs géométriques (ill. 21, p. 33) pouvait correspondre à cette hypothèse. Mais des éléments concrets, comme le semé héraldique qui sur deux de ces reliures ne comporte que des F couronnés, ou la couleur uniquement argentée de leurs dos [133], prouvent que ces reliures hors du commun sont bien dans leur ensemble contemporaines des toutes premières reliures

127 Ms. grec 1258 ; M.-P. Laffitte et F. Le Bars, *Reliures royales de la Renaissance*, n° 40 b. **128** Ms. grec 750. **129** Ms. grec 836. **130** Ms. grec 1361 ; M.-P. Laffitte et F. Le Bars, *Reliures royales de la Renaissance*, n° 33. **131** Ms. grec 1524. **132** Ms. grec 1522 ; A. R. A. Hobson, *Humanists and Bookbinders*, p. 186. **133** Mss grecs 1258 et 1361 ; M.-P. Laffitte et F. Le Bars, *Reliures royales de la Renaissance*, nos 33 et 40 b.

« primitives » (ou sans fers). Ces éléments contredisent donc l'hypothèse du décalage entre reliure et dorure, et d'autres explications doivent être recherchées.

La question des fers azurés

Ce montage chronologique est important parce qu'on voit ici apparaître pour la première fois un matériel assez important de fers azurés (tableau IV). Bien que nous ne possédions pas pour les fers à dorer l'équivalent des documents concernant les caractères grecs fondus d'après l'écriture d'Ange Vergèce et destinés aux éditions *ex bibliotheca regia*[134], et bien que nous ne sachions rien de leur création, la date précoce des reliures sur lesquelles ils sont dorés laisse supposer que ces outils sont créés pour l'atelier de Fontainebleau et mis dès le milieu de 1545 à la disposition des doreurs qui y travaillent sur les manuscrits grecs. Ils seront utilisés plus tard pour d'autres amateurs.

Ces fers publiés sous le nom de Claude Picques sont bien connus. Ils vont en effet être utilisés concurremment dans l'atelier de Fontainebleau pendant toute son activité de 1545 à 1552, mais aussi dans l'atelier du relieur du roi à partir de 1549. Il s'agit donc bien du matériel dont disposent les doreurs travaillant pour le relieur du roi, fonction dans laquelle se succèdent Étienne Roffet, déjà nommé, puis Gomar Estienne dès novembre 1547[135]. Le nombre de fers azurés, limité sous François Ier, augmentera peu à peu sous Henri II. Ils seront entre les mains de Claude Picques beaucoup plus tard : Picques n'occupera de façon sûre la fonction de relieur du roi qu'à partir de 1559.

Nous parlerons des arabesques, tout à fait uniques jusqu'en 1547, dans le chapitre suivant. Voyons donc maintenant deux autres reliures hétérogènes. Leur comparaison avec des reliures postérieures permet d'avancer à leur sujet une hypothèse plausible sur les raisons de leur fabrication dans l'atelier de Fontainebleau.

La bordure simple

Le cas le plus compréhensible est celui de la bordure simplifiée, dorée à l'aide d'un seul fer italianisant un peu vieillot[136]. Ce fer fait partie de l'éventail extrêmement limité (tableau V) utilisé à cette époque dans l'atelier de Fontainebleau pour les dos[137]. Ce décor, qui est le seul à employer un fer sur les plats, reste un exemple unique dans l'atelier de Fontainebleau sous François Ier, même s'il

134 A. Parent-Charon, « Humanisme et typographie. Les "Grecs du roi" et l'étude du monde antique », *L'Art du livre à l'Imprimerie nationale*, Paris, 1972, p. 55-57. La quittance de paiement des caractères typographiques destinés à l'imprimeur Estienne vient d'être offerte au département des Manuscrits de la Bibliothèque nationale de France. **135** H. M. Nixon, *Bookbindings…*, pl. E-F, sous le nom de Claude Picques ; A. Parent-Charon, « Nouveaux documents sur les relieurs parisiens du XVIe siècle », *Revue française d'histoire du livre*, XXXVI (1982), p. 389-394 ; A. R. A. Hobson, *Humanists and Bookbinders*, p. 271 ; M.-P. Laffitte et F. Le Bars, *Reliures royales de la Renaissance*, p. 33-35, 78-79 et *passim* ; A. R. A. Hobson, *Humanists and Bookbinders*, p. 208, pl. 175, publie une bordure d'une gravure attribuée à Étienne Delaune ; cette gravure illustre un *Décaméron* édité en 1545 par Étienne Roffet. **136** Ms. grec 1258 ; M.-P. Laffitte et F. Le Bars, *Reliures royales de la Renaissance*, no 40 b. **137** Mss grecs 146, 198, 512, 518, 718, 791, 1109, 1119, 1120, 1122, 1231 et 1524.

est pratiqué auparavant dans d'autres ateliers, comme celui du « relieur de Salel » [138].

Une seule copie identique de ce décor est réalisée sous le règne d'Henri II sur une reliure à ses armes [139]. La présence d'un médaillon de couleur contrastée date cette copie des années 1549-1550, quand l'ampleur du travail a encore augmenté du fait de l'intégration d'une foule de nouveaux volumes imprimés et manuscrits dans le programme de reliure, et qu'on développe alors plusieurs types de bordures simples directement inspirées de la première [140]. Ces bordures constituées par la répétition d'un fer unique sont certainement destinées à accélérer le travail des doreurs. On peut avancer l'hypothèse que la bordure simple aux armes de François Ier est une proposition de travail simplifié facile à exécuter et donc plus rapide et plus rentable. Ce principe de décor n'est pas retenu immédiatement, mais il sera largement utilisé avec d'autres fers ou fleurons à partir de 1547.

Le manuscrit grec 836 et ses dérivés

Voyons maintenant la plus complexe des reliures qui paraissent chronologiquement décalées. C'est la première à comporter un motif compliqué de fers et de filets, où l'encadrement se décompose en deux motifs tout à fait différents, l'un pour les grands côtés, organisé autour d'un losange dessiné au trait, avec deux paires de fers symétriques et trois fleurons azurés, l'autre plus petit composé uniquement de fers, soit de nouveau deux paires et un fleuron simple azurés plus une fleurette (ill. 28, p. 62). Ces deux motifs sont proches mais jamais tout à fait identiques aux nombreux modèles de broderie qui circulent à cette époque : on peut les comparer à certaines planches du recueil de modèles de François Pellegrini (ill. 29, p. 41), dont il ne faut pas oublier qu'il était le premier assistant du Rosso à l'époque où celui-ci réalisait les stucs de la grande galerie de Fontainebleau [141]. On retrouve ces compositions, mais agencées différemment, sur plusieurs reliures aux armes de François Ier datant des années 1546-1547.

On se met alors à utiliser ces deux motifs séparément. Celui des petits côtés figure avec de légères variantes (ill. 30, p. 63) sur deux reliures plus « tardives » aux armes de François Ier [142]. Quant au dessin des grands côtés, il donnera lieu à plusieurs versions ayant pour centre un losange, sur une série de quinze reliures sur lesquelles nous reviendrons plus loin, et surtout sur cinq reliures « tardives » cousues avec le même nombre de nerfs et vraisemblablement réalisées ensemble [143]. Il y est reproduit avec une certaine aisance sur la première puis de façon moins élégante et un peu étriquée sur les autres, avec même des erreurs de fers sur l'une d'entre elles [144].

138 M.-P. Laffitte et F. Le Bars, *Reliures royales de la Renaissance*, n° 12. **139** Ms. grec 1882. **140** M.-P. Laffitte et F. Le Bars, *Reliures royales de la Renaissance*, nos 42 b, 42 c, 48 et 57. **141** Bibliothèque de l'Arsenal, Rés. 4° S A ; C. Grodecki, « Actes relatifs à la reconstruction du château… », dans Fr. Boudon et J. Blécon, *Le Château de Fontainebleau de François Ier à Henri IV*, Paris, 1998, p. 232-233, nos 23-25. **142** Mss grecs 938 et 1423. **143** Mss grecs 452, 587, 810, 1366 et 2361 ; M.-P. Laffitte et F. Le Bars, *Reliures royales de la Renaissance*, n° 36. **144** Ms. grec 587.

29 F. Pellegrini, *La Fleur de la science de pourtraicture* (Arsenal 4° S A)

Des maquettes ?

Les premiers doreurs qui travaillent pour l'atelier de Fontainebleau au tout début n'ont que très peu de fers à leur disposition, qu'ils n'utilisent à une exception près que pour les dos. On peut donc expliquer la présence des cinq reliures « hétérogènes » avec fers azurés par l'hypothèse que ceux qui disposent de ce matériel tout nouvellement créé pour l'atelier de Fontainebleau sont différents des premiers doreurs, responsables des motifs géométriques. Ces nouveaux ouvriers d'excellent niveau sont chargés de fournir des décors pouvant servir de modèles et les décors de fers qu'ils conçoivent sont en effet chacun dans leur genre le premier exemple de séries décoratives postérieures qui s'en inspirent. L'intervention de ces doreurs manifestement expérimentés peut aussi s'expliquer par un souci de diversification de l'ornementation des reliures, ou parce que les doreurs responsables des décors sans fers ne sont pas ou plus assez disponibles. Les reliures hétérogènes que nous venons de voir sont donc en fait des essais d'enrichissement du potentiel ornemental offert par l'atelier de Fontainebleau dès 1545. Nous verrons dans le chapitre suivant que le même phénomène se manifeste pour les arabesques.

L'organisation du travail après 1545

Que se passe-t-il dans l'atelier de Fontainebleau au moment où s'achève la période des reliures « primitives », avec ses séries d'entrelacs et ses quelques reliures maquettes ?

Pour les reliures comportant beaucoup de fers, l'organisation du travail semble tout à fait différente de ce qui se passe pour les entrelacs. On ne voit pas sur les reliures de traces de piqûres correspondant au report sur le cuir d'un modèle réutilisé plusieurs fois et les repères, sans doute d'une autre nature, ne semblent pas toujours laisser de traces sur les couvrures.

Par ailleurs, les décors de fers des reliures « tardives » aux armes de François Ier peuvent facilement être classés en fonction des motifs dorés sur les plats : les cinq groupes les plus nombreux comportent respectivement dix-sept[145], quinze[146] et deux fois neuf reliures[147], et d'autres moins importants, soit trois de six[148], deux de quatre[149] et enfin cinq de trois[150], ont aussi pu être constitués. Certains de ces groupes réalisés en 1546-1547 découlent directe-

145 Mss grecs 157, 240, 777, 798, 1240, 1243, 1702, 1703, 1724, 1731, 1854, 1899, 1918, 1923, 1981, 2142 et 2932 ; A. R. A. Hobson, *Humanists and Bookbinders*, p. 186. **146** Mss grecs 362, 715, 1013, 1713, 1735, 2020, 2274, 2413, 2491, 2531, 2761, 2812, 2858, 2996 et 3070. **147** Mss grecs 538, 1033, 1087, 1716, 2022, 2311, 2750, 2984 et 2991 ; mss grecs 464, 792, 1250, 1424, 1732, 2051, 2940, 2970 et 2999. **148** Mss grecs 1029, 2276, 2809, 2962, 2990, 3045 ; mss grecs 1081, 1388, 1768, 2271, 2518 et 3000 ; mss grecs 452, 587, 810, 836, 1966 et 2631. **149** Mss grecs 1959, 2183, 2644 et 2937 ; mss grecs 490, 882, 2698 et 2700. **150** Mss grecs 1758, 2764 et 2849 ; mss grecs 132, 174 et 2686 ; mss grecs 938, 1308 et 1423 ; mss grecs 1774, 2494 et 3010 ; mss grecs 945, 2983 et 2904.

ment des modèles dont nous venons de parler. Le phénomène de copie s'intensifie donc, mais il correspond à une façon de travailler différente, dans laquelle l'hypothèse des reliures maquettes trouve tout à fait sa place. Les deux séries les plus nombreuses sont évidemment les plus intéressantes.

Un exemple de motif simple

Voici le motif le plus fréquent, où l'on remarque la présence de sept manuscrits copiés par le copiste Christophe Auer entre 1542 et 1544[151], et aussi le plus simple puisque la plupart des décors de ces reliures ne comportent qu'un fer : dix-sept reliures présentent le même agencement, composé de filets droits et d'un fleuron azuré, qui figure parmi les fers attribués à Claude Picques (tableau IV) et fait dès 1545 partie de la panoplie de fers azurés de l'atelier de Fontainebleau[152]. Il y est disposé côté large vers côté large et réuni par des filets dessinant une sorte de double rectangle. Il a pour particularité de mesurer sur toutes les reliures entre 75 et 77 mm, à l'exception d'une seule, ce qui permet de supposer que seize d'entre elles ont été réalisées à l'aide d'un gabarit identique.

On peut regrouper la série en deux groupes respectivement de douze et de deux reliures, selon la manière dont ce motif de base est agencé dans l'encadrement immuable des reliures de Fontainebleau sous François Ier. Enfin, trois autres reliures sont nettement différentes.

Sur le premier groupe de douze reliures[153], le coin de l'encadrement est lui aussi occupé par le fleuron azuré et, surtout, le motif est tourné côté pointe vers ce fleuron placé dans le coin. Des traits de placement du décor, système différent des piqûres évoquées tout à l'heure, sont bien visibles, toutes les tranchefiles sont identiques et la ciselure des tranches comporte des éléments héraldiques.

Sur les deux reliures du deuxième groupe[154], le coin de l'encadrement est lui aussi occupé par le même fleuron, mais le motif disposé côté large vers côté large est combiné avec le même motif inversé disposé motif côté pointe vers côté pointe : on voit bien la différence de disposition dans le coin des reliures (ill. 31, p. 63). Ces deux reliures se caractérisent par des tranchefiles un peu différentes de celles des douze reliures citées précédemment. La ciselure des tranches sans aucun élément héraldique indique une fabrication légèrement postérieure, et la variante de disposition incite à penser que le doreur a peut-être changé.

Les trois dernières reliures[155] présentent, sur le petit côté de l'encadrement ou dans le coin, des agencements plus élaborés conçus à l'aide d'un éventail de fers plus large. La première est la seule où le motif disposé côté large vers côté large est nettement plus grand et ne peut avoir été dessiné avec le même gabarit que sur les autres reliures. Mais surtout l'élégant motif composé de nombreux

151 Mss grecs 1240, 1243, 240, 798, 1899, 777 et 1724 ; M.-L. Concasty et Ch. Samaran, « Christophe Auer copiste de grec et de latin au XVIe siècle », p. 199-214. **152** H. M. Nixon, *Bookbindings*..., pl. E-F, sous le nom de Claude Picques, fer n° 51. **153** Mss grecs 157, 240, 777, 798, 1240, 1243, 1702, 1724, 1899, 1918, 1923 et 1981 ; M.-P. Laffitte et F. Le Bars, *Reliures royales de la Renaissance*, n° 34. **154** Mss grecs 1703 et 2932. **155** Mss grecs 1731, 1854 et 2142.

fers (ill. 32, p. 63) qui est adapté aux petits côtés dénote une habileté que n'ont sûrement pas les ouvriers des quatorze reliures présentant un seul fer. Les deux dernières, enfin, dont le coin s'inspire de cet élégant motif, comportent par ailleurs le motif disposé côté large vers côté large de la première série, et sur l'une d'entre elles il a bien les mêmes dimensions.

Ces trois reliures soignées ont le même nombre de nerfs, des tranchefiles et des tranches ciselées comportant des éléments héraldiques identiques à celles de la première série de douze. D'après leur examen, elles pourraient bien être des essais, des maquettes proposées aux autres doreurs : la première pourrait être la maquette destinée à présenter un nouveau motif, mais impossible à faire recopier telle quelle dans l'atelier de Fontainebleau. Sur l'une des deux autres, le motif est au millimètre près le modèle de la première série de douze reliures, à l'exception du coin qui a dû être remplacé par des exécutants médiocres par le même fleuron que celui du motif, beaucoup plus facile à poser. Elle constitue donc une étape intermédiaire et pourrait bien avoir été réalisée par un « chef d'atelier » afin d'être ensuite copiée en plusieurs exemplaires. Bien que le motif en soit très simple, il n'a pu être copié entièrement, ce qui prouve une différence de niveau notable entre le chef d'atelier et le ou les autres doreurs. Des traces de piqûres sur le chant des ais pourraient donner une piste sur la façon dont ce décor très simple a été recopié.

Une autre série de quinze reliures et le problème du fer en forme de flamme

Deux types de décors peuvent être réunis en raison de la présence sur certaines reliures d'une flamme : la flamme est un élément héraldique habituel sur les reliures de François Ier, placé de façon indépendante sur les premières reliures d'Étienne Roffet par exemple[156]. Mais dans l'atelier de Fontainebleau, les flammes sont habituellement intégrées autour de la salamandre dans le bloc armorié « officiel » placé au centre des plats de toutes les reliures, sauf sur celles où l'on voit apparaître un fer en forme de flamme ajouté dans le décor.

Ce fer ne fait pas partie du matériel héraldique courant, composé de chiffres couronnés et de fleurs de lys : sur l'une des deux séries de reliures où il apparaît[157], il accompagne systématiquement les variantes particulières d'un décor, et sur le second[158] il orne toutes les reliures sauf une dont le très petit format explique peut-être cette différence. On peut se demander si cette flamme n'est pas la caractéristique d'un doreur.

La seconde série réunie grâce à la flamme est l'une des plus représentatives de l'organisation du travail chez les doreurs de Fontainebleau. Son motif

156 M.-P. Laffitte et F. Le Bars, *Reliures royales de la Renaissance*, nos 3-8. **157** Mss grecs 1087 et 2311 avec flamme, 538, 1033, 1716, 2022, 2730, 2984 et 2991 sans flamme. **158** Mss grecs 1735 et 2858 sans flamme, 362, 715, 1013, 1713, 2020, 2271, 2410, 2491, 2531, 2761, 2812 et 2996 avec flamme et enfin 3070 à part.

losangé se retrouve en effet exactement identique sur quinze reliures, ici encore très homogènes techniquement, auxquelles s'ajoutent les deux modèles.

Ce motif est composé autour d'un losange dessiné au filet qui rappelle d'un peu loin, il est vrai, le décor «maquette» placé sur une reliure «primitive» (ill. 28, p. 62) citée plus haut[159] ; comme pour la série précédente, il en existe aussi un exemple intermédiaire déjà cité (ill. 30, p. 63), où les fers sont différents et plus nombreux, et le motif placé dans les coins nettement plus soigné et original[160]. Enfin, il semble bien qu'un des plats d'une troisième reliure soit nettement supérieur à l'autre plat et surtout à tous les autres volumes[161]. Sur ce plat, qui semble avoir servi de modèle pour la copie, le motif est réalisé avec le même nombre de fers azurés que pour le reste de la série, mais le petit fleuron est différent. Sur les copies les plus malhabiles, le motif est certainement tracé à l'aide d'un gabarit dont la longueur est comprise entre 51 et 53 mm.

Pour ces deux séries de reliures qui sont les plus importantes en nombre, on se retrouve donc avec une hiérarchie de reliures semblable : un premier échelon qui correspond à une «création» comportant une nouvelle composition de filets et de fers judicieusement agencés par un doreur expérimenté ; un deuxième échelon représenté par un modèle doré rapidement par le chef d'atelier à l'intention des ouvriers ; et enfin un troisième, la série confiée à des ouvriers dont la qualité du travail laisse supposer que ce sont des apprentis, et dont un seul dispose, pour une raison que nous ignorons, du fer en forme de flamme qu'il intègre un peu au hasard dans le décor.

Reliures hors séries

À côté de ces pièces constituant des familles, quelques reliures ne font pas partie de séries.

En effet, une demi-douzaine de reliures normalisées de la période 1546-1547 présentent des décors uniques. Elles ont des motifs différents les uns des autres, mais surtout la qualité du travail de dorure tranche assez nettement avec le reste de la production de l'atelier. C'est peut-être justement en raison de la complexité de ces motifs, demandant une dextérité que ne possédaient pas les hommes présents à Fontainebleau, et du fait de la présence irrégulière de leur auteur dans l'atelier de Fontainebleau, qu'elles n'ont pas fait l'objet de copies.

Une couture sur nerfs de ficelle, des tranchefiles à chapiteau monochrome naturel et de très jolies tranches sans chiffre font bien de cette reliure remarquable en maroquin bleu foncé assez rare l'une des dernières réalisations de l'atelier de Fontainebleau sous François Ier[162], mais le décor de fers dorés ou argentés est unique.

159 Ms. grec 836 ; voir chapitre II, p. 48-49. **160** Ms. grec 938. **161** Ms grec 1735 ; M.-P. Laffitte et F. Le Bars, *Reliures royales de la Renaissance*, nos 35 a-b. **162** Ms. grec 1859 ; Wartelle, *Manuscrits grecs d'Aristote*, no 1344 ; M.-P. Laffitte et F. Le Bars, *Reliures royales de la Renaissance*, no 38. La rareté et l'importance de la tradition manuscrite du texte, qui m'ont été signalées par M. Rashed, ajoutent encore à l'aspect exceptionnel de ce volume, dont les amateurs du XVIe siècle connaissaient peut-être l'intérêt.

Le dessin est constitué de deux fers, en forme de plume et de ressort, qui intègrent l'héraldique de façon particulièrement élégante et soignée, et d'un fleuron d'angle qui appartient au matériel de fers utilisés dans l'atelier travaillant pour Jean Picard, qui a cette époque est le fournisseur du grand amateur Jean Grolier [163] mais n'est pas le relieur du roi ; ces fers ne représentent qu'une petite partie du matériel de Picard (tableau VI).

Ce motif en forme de filet figure sur la reliure d'un recueil de traités médicaux de A. M. Brasavolus, édités à Venise en 1546 [164], où il couvre toute la surface des plats. Le chiffre couronné paraît bien identique à celui de l'atelier de Fontainebleau, mais la fleur de lys, les armes de France et la salamandre de François Ier n'ont rien à voir avec le matériel « officiel » : ces fers appartiennent à l'atelier travaillant pour Jean Picard. La reliure du manuscrit grec, particulièrement réussie, est l'œuvre d'un doreur expérimenté, peut-être collaborateur occasionnel de l'atelier de Fontainebleau. Le même motif ne réapparaît à l'identique que sur les tranches d'un livre imprimé relié aux armes d'Henri II, dont la reliure est un peu à part dans la production de l'atelier de Fontainebleau [165].

Les autres reliures uniques ne sont pas aussi originales. On signalera cependant une très élégante composition insolite de filets et de fers attribués à Jean Picard à la place des fers azurés habituels (ill. 33, p. 63) [166], et deux reliures jumelles (ill. 34, p. 64) très bien exécutées [167].

Que peut-on conclure de toutes ces constatations ? On voit se mettre en place sous nos yeux un atelier organisé de façon extrêmement hiérarchisée, avec un souci de rentabilité qui est cultivé pour la reliure comme pour la dorure, et très peu de liberté y est laissée aux exécutants. Ainsi, quel que soit le procédé utilisé pour la reproduction des motifs, chacun des groupes de reliures comprend un nombre d'unités relativement constant, qui correspond peut-être à la possibilité de travail de l'atelier pour une durée donnée (une semaine, une quinzaine ?).

À quelques exceptions près, les décors des séries n'ont pas été exécutés avec la plus grande rigueur. On peut donc, pour certains d'entre eux, se demander s'ils n'ont pas été réalisés par des débutants ou des non-professionnels. Mais à côté de ces ouvriers inexpérimentés, on voit travailler par intermittence un ou plusieurs doreurs beaucoup plus qualifiés qui sont à l'origine de l'élan créateur qui se manifeste dans ces années 1545-1547 au sein de l'atelier de Fontainebleau. Il pourrait s'agir soit de doreurs employés régulièrement par le relieur du roi, mais dans son atelier parisien, soit de doreurs travaillant épisodiquement pour lui.

163 A. Parent-Charon, *Les Métiers du livre à Paris au xvie siècle (1535-1560)*, Paris, 1974 (coll. « Histoire et civilisation du livre 6 »), p. 154-155 ; A. R. A. Hobson, *Humanists and Bookbinders*, p. 267-271 ; H. M. Nixon, *Bookbindings*..., pl. C, fers nos 1-3, 6 et 10 ; le fer no 4 ne sera utilisé que sous Henri II ; voir aussi chapitre I, p. 36 et chapitre II, p. 42 et 38-39. **164** Munich, Staatsbibliothek, 2° A. gr. b. 687 ; F. Geldner, *Bucheinbände aus elf Jahrhunderten*..., Munich, 1958, no 56. **165** M.-P. Laffitte et F. Le Bars, *Reliures royales de la Renaissance*, no 43 b. **166** Ms. grec 1442. **167** Mss grecs 2373 et 2917.

Sous François Ier, cette politique donne quelques reliures exceptionnelles et un grand nombre de reliures réalisées en série et de qualité parfois médiocre, mais elle évolue et, peut-être parce que l'expérience des doreurs augmente, la situation change dès l'avènement d'Henri II, au moins pour ce qui concerne les reliures à décors de fers. En effet, si les motifs sont les mêmes que sous le règne précédent, le principe des séries disparaît presque immédiatement. Les doreurs semblent alors mettre un point d'honneur à ne pas fabriquer deux reliures identiques, en variant agencement et disposition des fers dans le rectangle décoratif qui reste la règle. Les reliures à bordures simplifiées remplacent alors les séries de l'époque de François Ier.

1 Décor peint pour Louise de Savoie (français 12247)

2 Reliure italienne de soie violette (latin 8399)

3 Reliure française de velours violet (latin 6701)

4 Décor de petits fers estampés à froid (latin 3594A)

5 Semé de fleurs de lis estampées à froid, Bourges (?) (français 1639)

6 Décor de roulettes estampées à froid, Chinon (?) (latin 6206)

7 Relieur de Jean Grolier, Milan (latin 6284)

8 Décor estampé à froid, Bologne (?) (italien 1039)

10 Décor doré, Paris (italien 1043)

9 Étienne Roffet, décor de fers dorés et argentés aux armes de François Ier (grec 1827)

11 « Relieur de Salel », semé de fers dorés au chiffre de François Ier (français 1402)

12 « Relieur de Salel », semé de fers dorés au chiffre de François Ier (français 1400)

13 « Relieur de Salel », décor de fers dorés et argentés au chiffre de François Ier (français 1401)

15 Veau fauve à décor doré (français 1334)

14 « Relieur de Salel », décor d'entrelacs rehaussés de peinture au chiffre de François Ier (français 1396)

16 Atelier travaillant pour le pape Paul III, décor doré, Rome (latin 8401)

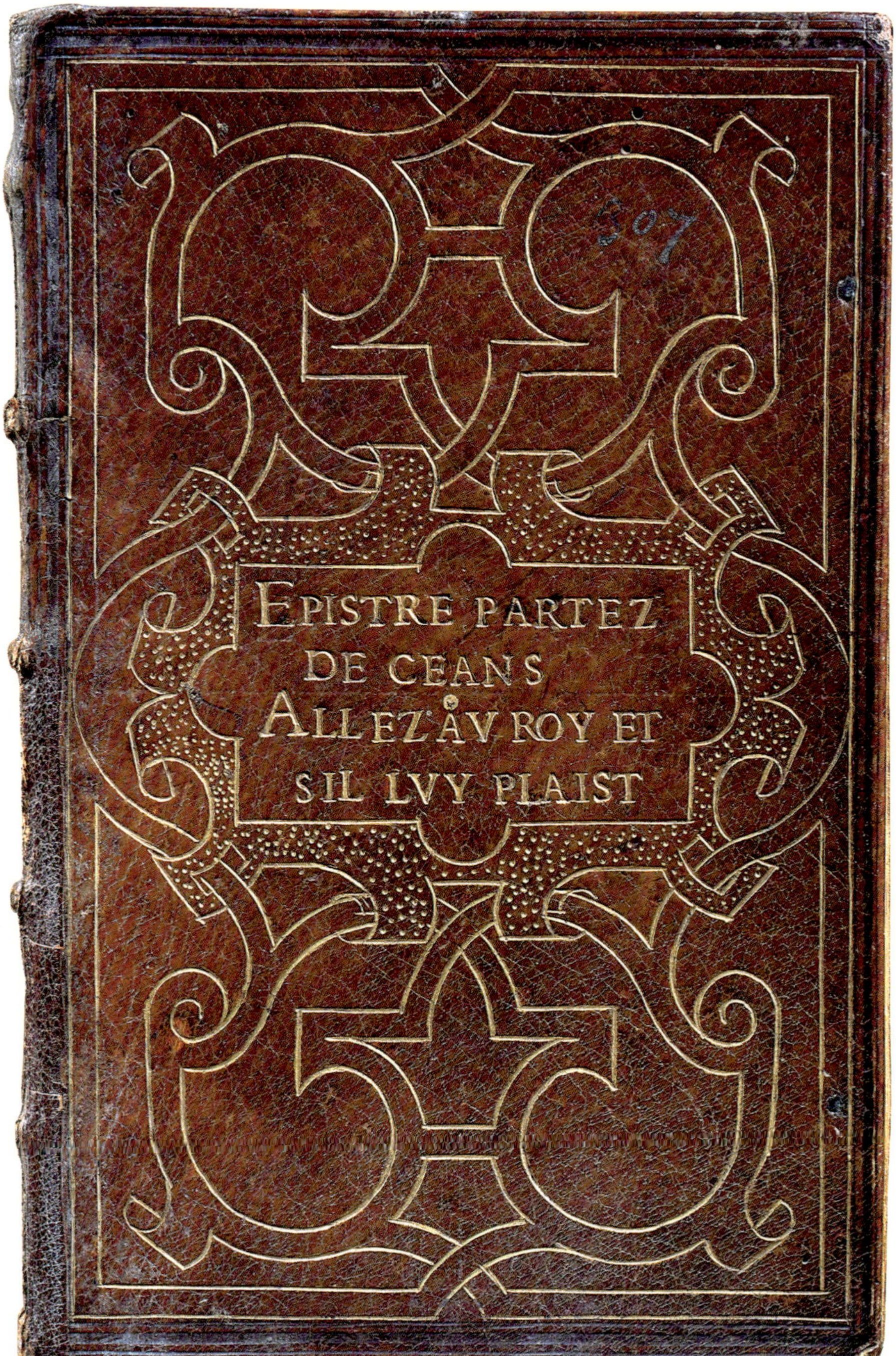

17 Étienne Roffet (?), décor d'entrelacs dorés (français 25456)

18 « Relieur de Salel », décor de fers dorés aux armes de François Ier (français 25394)

20 Atelier de Fontainebleau, décor d'entrelacs aux armes de François Ier
(grec 2149)

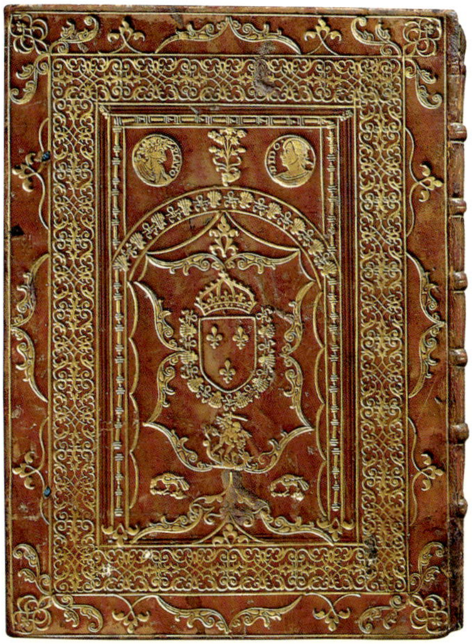

19 Atelier de « l'Oiseau qui becquète », décor de fers dorés aux armes de François Ier (français 2328)

23 Atelier de Fontainebleau, décor d'entrelacs dorés et argentés aux armes de François Ier (grec 534)

24 Atelier de Fontainebleau, décor d'entrelacs dorés et argentés aux armes de François Ier (grec 1230)

25 Atelier de Fontainebleau, décor d'entrelacs et de fers dorés et argentés aux armes de François Ier (grec 1995)

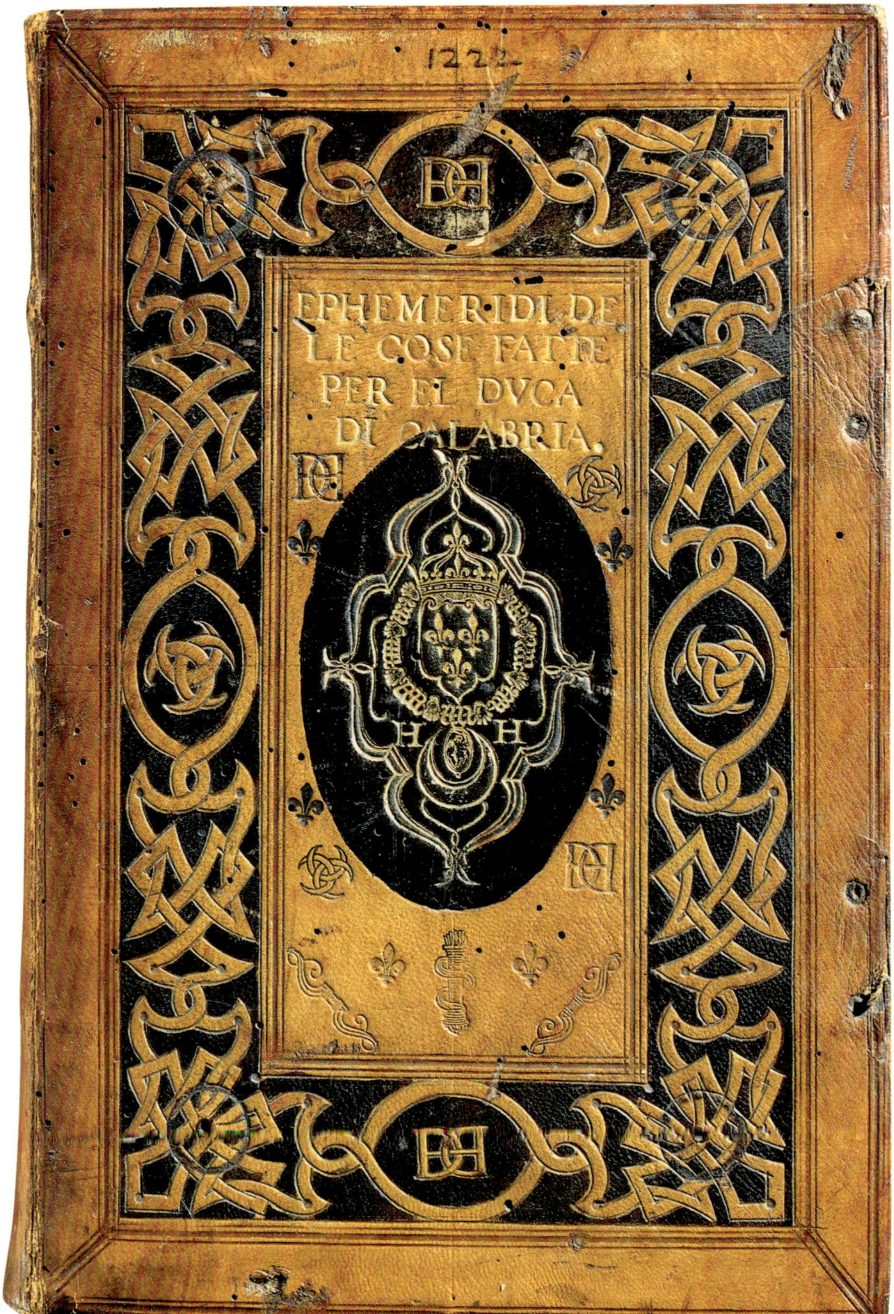

26 Atelier de Fontainebleau, décor d'entrelacs dorés, argentés et peints aux armes d'Henri II (italien 414)

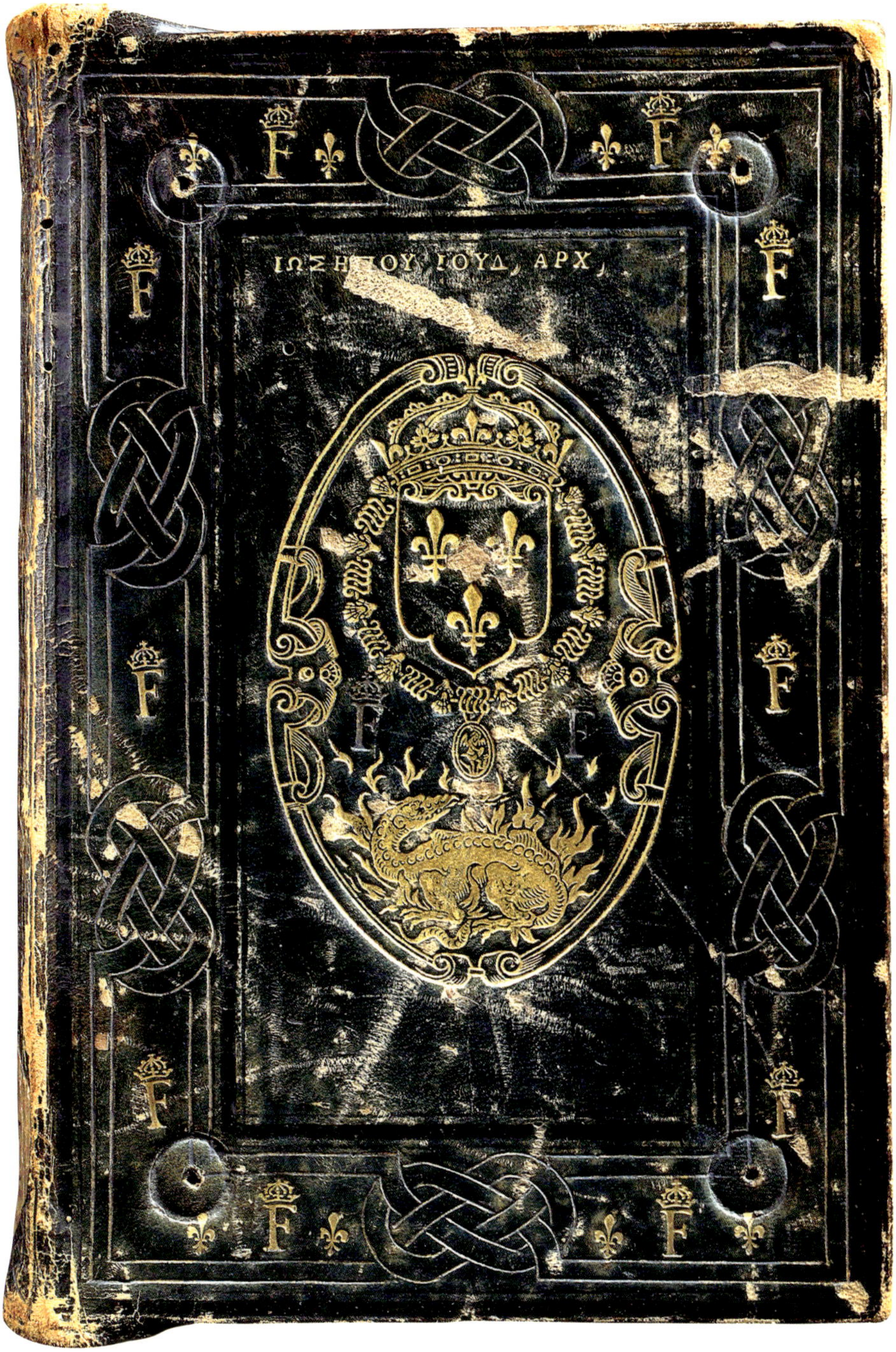

27 Atelier de Fontainebleau, décor d'entrelacs dorés et argentés aux armes de François Ier (grec 1601)

28 Atelier de Fontainebleau, décor de fers dorés et argentés aux armes de François Ier (grec 836)

30 Atelier de Fontainebleau, décor de fers dorés et argentés aux armes de François Ier (grec 938)

31 Atelier de Fontainebleau, décor de fers dorés et argentés aux armes de François Ier (grec 1703)

32 Atelier de Fontainebleau, décor de fers dorés et argentés aux armes de François Ier (grec 1731)

33 Atelier de Fontainebleau, décor de fers dorés et argentés aux armes de François Ier (grec 1442)

34 Atelier de Fontainebleau, décor de fers dorés et argentés aux armes de François Ier (grec 2373)

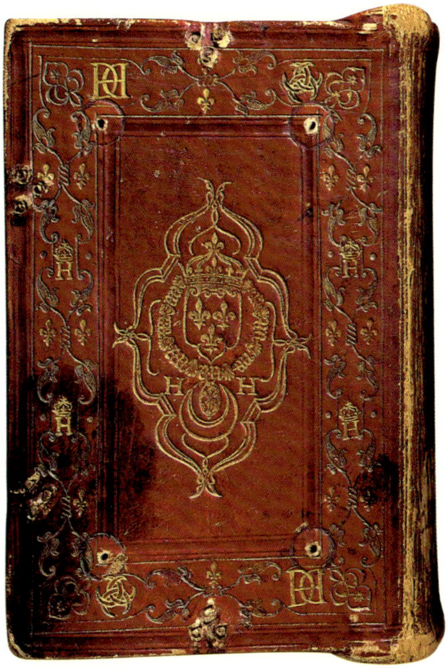

35 Atelier de Fontainebleau, décor de fers dorés et argentés aux armes de François Ier (grec 2812)

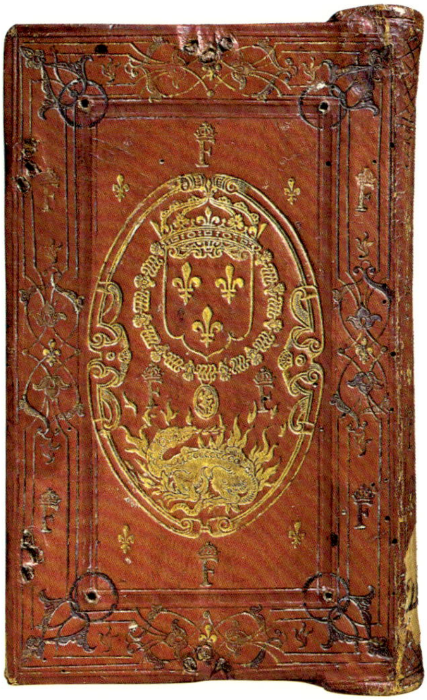

36 Atelier de Fontainebleau, décor de fers dorés et argentés aux armes d'Henri II (grec 2327)

37 Ange Vergèce, frontispice (grec 1836, f. 1)

38 Ange Vergèce, frontispice (grec 1980, f. 1)

40 Atelier de Fontainebleau, décor d'arabesques dorées et argentées aux armes de François Ier (grec 1524)

41 Atelier de Fontainebleau, décor d'entrelacs et d'arabesques dorées et argentées aux armes de François Ier (grec 1522)

42 Atelier de Fontainebleau, décor d'entrelacs et d'arabesques dorées et argentées aux armes de François Ier (grec 750)

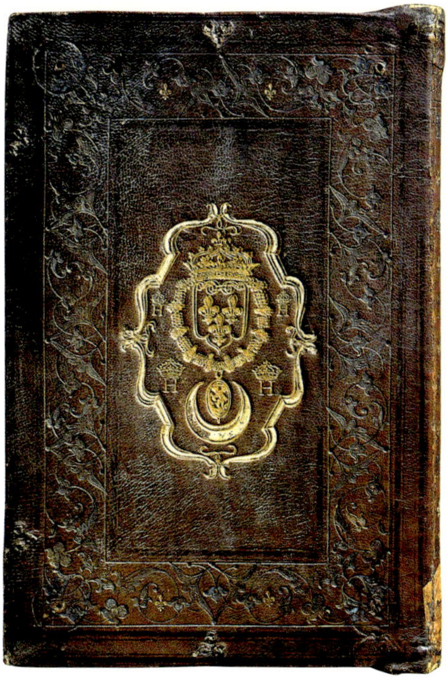

43 Atelier de Fontainebleau, décor d'arabesques dorées et argentées aux armes d'Henri II (grec 1727)

46 Atelier de Fontainebleau, décor d'arabesques dorées et argentées aux armes d'Henri II (hébreu 328)

45 Atelier de Fontainebleau, décor d'entrelacs et d'arabesques dorées, argentées et rehaussées de peinture aux armes d'Henri II (grec 1173)

47 Atelier du relieur du roi à Paris, décor d'arabesques compartimentées doré pour Thomas Mahieu (Rothschild VII. 2. 3, Picot 2768)

49 Atelier de Fontainebleau, décor d'arabesques dorées et argentées aux armes d'Henri II (grec 2479)

50 Atelier du relieur du roi à Paris, décor d'arabesques dorées et argentées au chiffre de François II et de Charles IX (français 954)

48 Atelier de Fontainebleau, décor d'arabesques dorées et argentées aux armes d'Henri II (grec 909)

51 Atelier du relieur du roi à Paris, décor d'arabesques dorées aux armes de Diane de Poitiers (français 944)

53 Atelier du relieur du roi à Paris, décor d'arabesques et armes peintes des Montmorency (Rothschild I. 7. 31)

54 Atelier à l'Arc de Cupidon, décor d'arabesques dorées (latin 886)

52 Atelier du relieur du roi à Paris, décor d'arabesques dorées et argentées daté de 1556 (français 365)

55 Atelier du relieur du roi à Paris, décor mosaïqué et peint d'emblèmes guerriers aux armes de Diane de Poitiers (français 15459)

56 Atelier de « l'Oiseau qui becquète », décor de fers dorés aux armes d'Henri dauphin (français 2329)

57 « Relieur de Salel », décor de fers dorés au chiffre d'Henri dauphin (Rothschild I. 3. 27)

58 Décor d'entrelacs dorés (français 2133)

59 Décor doré, Rome (?) (latin 5887)

60 Relieur travaillant pour le pape Paul III, décor doré, Rome (latin 17908)

61 Atelier de Fontainebleau, décor à éléments de soie bleue aux armes d'Henri II (latin 7276B)

62 Décor d'entrelacs et de fers dorés rehaussé de peinture aux armes d'Henri II (latin 1524)

63 Décor peint aux armes d'Henri II, Suisse (latin 7556)

64 Atelier du relieur du roi à Paris, décor architectural doré, argenté et peint aux armes d'Henri II (français 2854)

67 Atelier du relieur du roi à Paris, décor de fers dorés et médaillons peints (grec 2523)

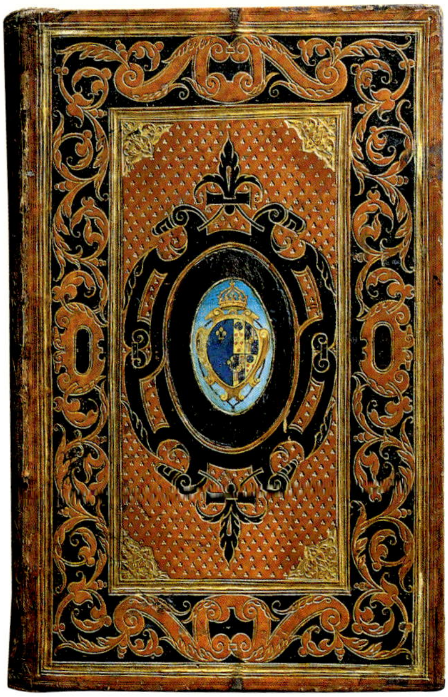

68 Atelier du relieur du roi à Paris, décor de fers dorés et médaillons peints aux armes de Catherine de Médicis (grec 2340)

70 Cuir marbré (latin 1429)

65 Atelier du relieur du roi à Paris, décor architectural doré, argenté et peint aux armes d'Henri II (français 2855)

66 Atelier du relieur du roi à Paris, décor d'entrelacs et de rinceaux dorés et argentés (français 10653)

L'arabesque dans l'atelier de Fontainebleau

L'étude des reliures fabriquées en série livre des informations intéressantes sur la façon dont le travail est organisé dans cet atelier entre 1545 et 1547, à un moment où l'on essaie manifestement de conjuguer une certaine élégance de décor avec rapidité et efficacité. Ces reliures sont d'une qualité différente selon qu'il s'agit de modèles ou de copies, mais elles font toutes partie d'une « chaîne » décorative dont je rappellerai les étapes : un projet nouveau concrétisé par une reliure maquette originale et très bien exécutée, puis un modèle créé par un doreur assez expérimenté qui peut être considéré comme un « chef d'atelier », et enfin des dorures exécutées plus ou moins adroitement par un ou plusieurs ouvriers doreurs.

Alors que la technique, surtout la couture et les tranchefiles, et l'utilisation des éléments héraldiques [168] ne connaissent pas de changements notables entre les reliures de la fin du règne de François Ier et celles du début de celui de son fils, il n'en est pas de même pour leurs décors. On ne peut classer les décors de fers aux armes d'Henri II comme on a pu le faire auparavant, et on doit admettre que le travail dans l'atelier, organisé selon des règles compréhensibles entre 1545 et 1547, subit ensuite un bouleversement complet. Les seules séries qui subsistent sont les bordures simplifiées qui, comme nous l'avons vu précédemment, s'inspirent de la première « reliure-essai » aux armes de François Ier, restée unique en son genre jusqu'en 1547. Ces bordures simplifiées sont plus nombreuses mais moins intéressantes stylistiquement que les reliures à décors de fers constituant des séries.

Le passage des décors de fers de François Ier à Henri II

En 1547, les techniques de reliure sont presque complètement « normalisées » et elles ne subissent jusqu'en 1552 que des évolutions minimes, comme les tranchefiles de couleurs différentes [169], qui ne coïncident pas vraiment avec l'évolution des décors. Les compositions de fers proprement dites deviennent sous Henri II de plus en plus complexes et font appel à un matériel qui s'enrichit rapidement. D'après les types de motifs utilisés, les reliures avec fers aux armes d'Henri II se partagent en deux groupes.

168 Le matériel héraldique est remplacé en 1547, et en particulier le bloc armorié central qu'on trouve au début du règne en deux tailles différentes, mais il continue d'être utilisé de la même manière. Seule la fleur de lys reste la même jusque vers 1549, date à laquelle elle est progressivement remplacée par une autre (tableau VII). **169** *Les Tranchefiles brodées*..., p. 64, n° 22.

La première catégorie reprend, avec des agencements différents, la plupart des motifs inventés sous François Ier et utilisés avant 1547 aussi bien dans les séries que sur des reliures uniques. Au tout début du règne d'Henri II, les doreurs de l'atelier en réalisent d'abord quelques copies identiques, dont voici deux exemples. Le premier[170] est la copie du motif composé autour d'un losange utilisé sous François Ier sur quinze reliures ; d'après son format, elle n'a cependant pas pu être réalisée avec le gabarit utilisé pour la série (ill. 36, p. 65). Le second[171] est la copie d'un motif qui n'a jamais été reproduit en série (ill. 35, p. 65) puisqu'il n'en existe que deux exemples aux armes de François Ier. Mais ce sont des exceptions, et il faut souligner la recherche d'originalité qui à partir de 1547 marque les compositions de fers, avec comme résultat des décors pratiquement tous différents[172]. Ce souci d'originalité s'accompagne d'un net progrès dans la réalisation technique des décors. Environ cent soixante manuscrits sont décorés de cette manière entre 1547 et 1552, chiffre qui paraît élevé mais qui en réalité est relativement faible par rapport aux cent soixante-dix reliures du même genre reliées aux armes de François Ier pendant un laps de temps beaucoup plus court. Il s'agit d'abord des manuscrits grecs, puis de manuscrits en langues orientales, hébreu, arabe et syriaque, et enfin latins et italiens.

J'appelle « arabesques » l'autre type de décors régulièrement réalisés avec des fers dans l'atelier de Fontainebleau sous Henri II. Ce chapitre est réservé à l'étude de leur évolution dans et autour de cet atelier. Alors que sous François Ier seuls deux manuscrits comportent un décor d'arabesques vierge de tout autre motif, trente-cinq autres sont décorés de cette manière entre 1547 et 1552. On y trouve des textes en grec, en langues orientales et enfin quelques rares ouvrages en français.

Qu'est-ce qu'un motif d'arabesques ?

Prise dans un sens général, l'arabesque est un ornement formé de lettres, de lignes, de feuillages élégamment entrelacés, fréquent dans l'art islamique mais dont on trouve des exemples à toutes les époques et dans le vocabulaire décoratif de courants artistiques très variés[173]. Les termes « mauresque » et « rinceau » renvoient habituellement à ce même ornement.

Dans le cas particulier de notre étude des reliures de Fontainebleau, afin d'éviter l'imprécision dans le langage et d'appeler toujours un motif donné de la même manière, Fabienne Le Bars et moi-même avons décidé de limiter le terme « arabesque » à un schéma particulier : les filets courbes y sont disposés de façon à dessiner de fins rameaux très habilement enroulés et les fers y sont

170 Ms. grec 2558 reprenant le motif du ms. grec 2812 aux armes de François Ier ; voir chapitre II, p. 46-47. **171** Ms. grec 2327 aux armes d'Henri II reprenant le motif des mss grecs 2373 et 2917 aux armes de François Ier. **172** M.-P. Laffitte et F. Le Bars, *Reliures royales de la Renaissance*, p. 102. **173** Voir les articles « Arabesque » et « Ornement » dans l'*Encyclopaedia universalis*, Paris, II, 1993, p. 732-736 et XVII, 1995, p. 124-129.

placés comme des feuilles attachées à une branche, occupant tout ou partie du rectangle habituel imposé au doreur.

Quand ce motif d'origine orientale, visible entre autres sur des tissus, des tapis, des céramiques, mais aussi sur les pages décoratives des manuscrits orientaux, apparaît dans l'atelier de Fontainebleau, il n'est évidemment plus une nouveauté en Occident. Dans le domaine de la reliure, c'est à Venise qu'on trouve les premiers exemples d'arabesques, comme sur cette reliure, publiée par Anthony Hobson, qui fait partie d'un groupe attribué à un atelier datable vers 1480 et très influencé par l'art islamique, qu'on appelle « Ugelheimer Binder » parce qu'il travaille à plusieurs reprises pour un Allemand séjournant alors à Venise, Peter Ugelheimer[174]. Des arabesques figurent à partir de 1520-1530 sur des reliures vénitiennes et sur des reliures hellénisantes faites elles aussi à Venise[175]. Et comme les autres motifs de style oriental adaptés à la dorure sur cuir, on en trouve d'abondants exemples plus ou moins proches dans les recueils de gravures contemporains et en particulier dans le recueil déjà cité de Francesco Pellegrini, *La Fleur de la science de pourtraicture*. Certaines des compositions reprises par Pellegrini (ill. 29, p. 41) sont très voisines des premières reliures à arabesques attribuées à l'atelier de Fontainebleau. Comme je le signale à propos du travail des doreurs, Pellegrini a certainement séjourné à Fontainebleau[176].

Ces motifs sont utilisés en France dans tous les arts décoratifs. Ainsi, des panneaux de bois portant plusieurs types d'arabesques, dorées autour du monogramme et de l'épée du connétable Anne de Montmorency[177], se trouvent encore aujourd'hui dans une salle lambrissée du château d'Écouen qui passe avec vraisemblance pour être la bibliothèque du connétable. Et Anthony Hobson signale la bordure d'une gravure attribuée à Étienne Delaune, où figurent de petits ornements quasi identiques aux motifs des fers azurés, et dessinant comme eux des arabesques ; cette gravure illustre un *Décaméron* édité en 1545 par… Étienne Roffet, alors relieur du roi et vraisemblablement aussi responsable de l'atelier de Fontainebleau[178].

Ange Vergèce et les arabesques

Des arabesques font aussi partie de la décoration de certains manuscrits grecs de la Bibliothèque royale, qui ont pu servir de source d'inspiration directe aux relieurs de Fontainebleau. C'est ainsi que les frontispices dessinés à la plume, et pour l'un d'entre eux rehaussé d'aquarelles, de deux volumes copiés par Ange Vergèce sont proches et des modèles de Pellegrini et de certaines reliures réalisées à Fontainebleau. Vergèce a copié le premier en septembre 1536, alors

174 A. R. A. Hobson, *Humanists and Bookbinders*, p. 40-41 et 50-55. **175** T. De Marinis, *La Legatura*, II, p. 51-138 et *passim*. **176** Bibliothèque de l'Arsenal, Rés. 4° S A ; C. Grodecki, « Actes relatifs à la construction du château… », p. 232-233, n°s 23-25 ; sur Pellegrini, voir aussi chapitre II, p. 40. **177** *Livres du connétable. La bibliothèque d'Anne de Montmorency*, catalogue par T. Crépin-Leblond, Écouen, 1991, p. 11 et 13. **178** A. R. A. Hobson, *Humanists and Bookbinders*, p. 208, pl. 175.

qu'il était encore libraire et copiste à Venise, pour Georges de Selve alors ambassadeur de France auprès de la Sérénissime République (ill. 37, p. 65) et le manuscrit est arrivé à Fontainebleau peu après la mort de Georges de Selve en 1542[179]. Il a réalisé la seconde copie sur du papier français (ill. 38, p. 65), peu après s'être installé en France et être entré au service du roi en 1539, puis il l'a donnée à relier dans l'atelier parisien dit « de l'Oiseau qui becquète » évoqué dans le chapitre précédent[180].

Cette combinaison particulière de rameaux et de feuillages apparaît pour la première fois dans l'atelier de Fontainebleau en 1545. Telle qu'elle y est alors pratiquée, elle semble typiquement française, mais on utilise pour la dessiner les fers azurés créés pour l'atelier de Fontainebleau (tableau IV), dont le tracé rappelle de très près les créations à la plume de Vergèce et pourrait être, comme celui des premiers caractères typographiques grecs contemporains, de la main du célèbre copiste[181].

Les méthodes de fabrication des décors d'arabesques

Alors que, comme pour le règne précédent, les couvrures ne présentent que très peu de traces d'une mise en place des compositions de fers, où l'abondance des outils utilisés devait rendre finalement assez facile la mise en place du décor, le problème est assez différent pour les arabesques, qui demandent une dextérité très grande et où l'erreur n'est pas permise.

Comme pour les types de décors produits en série, plusieurs méthodes semblent être successivement explorées par les doreurs pour reporter sur le cuir les motifs d'arabesques : au début, les motifs paraissent dessinés à main levée, avec cependant l'emploi vraisemblable d'un compas pour la pose de certains fers. Cette technique est pratiquée surtout sous le règne de François Ier et sur quelques reliures du début du règne d'Henri II. Ensuite, on remarque que sur toutes les reliures des manuscrits, y compris les plus soignées, figurent des traces de piqûres laissées par des épingles : ces épingles ont servi à fixer autant de fois qu'il le fallait les modèles sur le cuir de chaque plat afin d'y tracer l'esquisse destinée à guider le doreur. Il n'est pas sûr qu'il soit possible, grâce à ces méthodes différentes, d'identifier des mains distinctes, mais c'est une hypothèse sur laquelle on peut vraisemblablement trouver des réponses nouvelles.

179 Ms. grec 1836 ; Ph. Hoffmann, « Sur quelques manuscrits vénitiens de Georges de Selve », *Palcografia e codicologia greca*, Actes du colloque Berlin/Wolfenbüttel (octobre 1983), Alexandrie, 1991, p. 441-462 ; M.-P. Laffitte et F. Le Bars, *Reliures royales de la Renaissance*, p. 15 et n° 22. **180** Ms. grec 1980, voir chapitre I, p. 22. **181** A. Parent-Charon, « Humanisme et typographie… », p. 55-57 ; A. R. A. Hobson, *Humanists and Bookbinders*, p. 207-209 ; voir aussi chapitre II, p. 39-40.

Premières arabesques (1545-1547)

Retour sur les reliures hétérogènes

Rappelons que, dans le groupe de reliures hétérogènes datées de 1545, on trouve à côté d'une « reliure-essai » à bordure simplifiée deux reliures ornées d'arabesques « pures », c'est-à-dire sans aucun autre motif décoratif sur les plats et deux reliures où entrelacs et arabesques sont élégamment combinés. On peut leur ajouter quelques reliures « normalisées » datant des années 1546-1547 (tableau III), où l'arabesque n'est qu'une partie du décor[182]. Mais cette utilisation ponctuelle reste marginale, alors que les arabesques « pures » vont connaître un vrai succès sous Henri II et occuper une place importante dans l'évolution de l'atelier de Fontainebleau. Elles réapparaissent dès le début du règne et leur fréquence augmente peu à peu jusqu'à la fermeture de l'atelier aux alentours de mai 1552, où elles culminent avec un groupe de reliures particulièrement réussies.

D'après les techniques de couture, les types de tranchefiles et la couleur des décors, les reliures hétérogènes datent du tout début de l'atelier à l'été 1545. Leurs motifs complexes, dont la qualité tranche nettement avec le reste de la production contemporaine de l'atelier, sont uniques, et c'est sans doute à cause de leur complexité, demandant une dextérité que ne possédaient pas les hommes présents régulièrement à Fontainebleau, qu'ils n'ont pas été copiés par ces ouvriers moins expérimentés. En raison du petit nombre de reliures produites, leurs auteurs ne semblent travailler qu'épisodiquement dans l'atelier de Fontainebleau.

Les reliures primitives à arabesques « pures »

Ces reliures tranchent avec la production contemporaine du début de l'atelier de Fontainebleau, à laquelle elles appartiennent cependant toutes.

La première est la reliure en maroquin brun aux armes de François Ier, à décor de filets et de fers dorés, du *Manuel de droit* de Constantin Harmenopulos copié en Italie ou en Grèce au XVe siècle. Le corps d'ouvrage se caractérise par une couture sur nerfs coupés réalisée en même temps que celle de deux autres manuscrits grecs de la période primitive et des tranchefiles à « étages »[183]. Le dos entièrement argenté et les tranches ciselées au chiffre de François Ier sont caractéristiques du tout début de l'atelier de Fontainebleau et devraient être accompagnés sur les plats d'un décor d'entrelacs sans fers. Or celui-ci est constitué d'arabesques harmonieusement intégrées dans le rectangle habituel et composées de filets et surtout des fers azurés tout nouvellement créés, utilisés ici pour la première fois. À l'exception d'une paire de fers inédits, adoptant un

182 Voir chapitre II, p. 35-36. **183** Ms. grec 1361 ; M.-P. Laffitte et F. Le Bars, *Reliures royales de la Renaissance*, n° 33.

peu la forme d'un boomerang et placée au milieu des grands côtés du rectangle, ce matériel assez abondant (il comporte deux fleurons et cinq paires symétriques) [184] appartient alors à l'atelier du relieur du roi dont Claude Picques ne sera pas le patron avant 1559. Sous François Ier, il s'agit soit d'Étienne Roffet, relieur du roi depuis 1539, soit de Gomar Estienne, un Brabançon qui sera naturalisé français en octobre 1547 en tant que relieur du roi.

La pose du décor commence ici par les fers dont l'emplacement est calculé au compas, mais le motif est posé ensuite à main levée : aucune trace de piqûre n'indique l'utilisation d'un modèle fixé par des épingles. Le motif a été conçu en fonction de la largeur des petits côtés de l'encadrement, et l'ouvrier a chaque fois démarré son travail à partir des coins, d'où les motifs partent de façon totalement symétrique (ill. 39, p. 87), puis un autre élément de décor a été inséré au milieu des grands côtés à partir de la ligne de marquage horizontale, pour compenser la différence de taille des deux côtés. Malgré quelques imperfections, ce motif surprend par son fini – par exemple les fers ronds camouflant les intersections de certains fers et des filets, qui ne seront pas repris immédiatement – et par son originalité. Il est le premier de ce type dans l'atelier de Fontainebleau si ce n'est dans l'ensemble de la production contemporaine et l'on n'en trouve de comparables sur les reliures royales que bien après le 31 mars 1547. Comment expliquer cette singularité ? L'hypothèse la plus vraisemblable est celle de l'intervention d'un doreur expérimenté membre de la même « entreprise », détentrice du matériel de fers, doreur qui ne collabore qu'occasionnellement à l'activité d'un atelier en cours d'organisation.

La reliure de maroquin rouge du second volume [185] est plus étonnante encore. Sous la dorure (ill. 40, p. 66) demeure l'esquisse complètement différente de nœuds d'entrelacs comparables au décor géométrique doré d'une reliure primitive classique (ill. 21, p. 33) [186]. Ce recueil en parchemin est lui aussi cousu sur nerfs coupés et présente les mêmes caractéristiques de couleur que la reliure précédente, à une exception près : le dos, orné d'un semé comportant des F argentés et de fleurs de lys dorées, est légèrement postérieur au précédent. Pour une raison inconnue, l'esquisse d'entrelacs géométriques n'a pas été reprise à l'or, mais recouverte d'arabesques réalisées à l'aide de fers azurés peu nombreux, deux fleurons et trois paires symétriques, en partie différents de ceux de la reliure précédente, mais tous répertoriés par Nixon (tableau IV) [187]. Le motif est dû à un doreur de haut niveau, peut-être un autre ouvrier que celui de la première reliure : le décor est conçu et paraît réalisé de façon différente.

Ces deux reliures sont les seules aux armes de François Ier qui soient ornées d'arabesques « pures ». Les suivantes offrent des compositions où entrelacs et arabesques se complètent de façon plus ou moins satisfaisante.

184 H. M. Nixon, *Bookbindings*…, pl. E-F, sous le nom de Claude Picques ; voir aussi chapitre II, p. 35 et 38-39. **185** Ms. grec 1524 ; voir chapitre II, p. 15 46. **186** Ms. grec 516. **187** H. M. Nixon, *Bookbindings*…, pl. E-F, sous le nom de Claude Picques.

39 Atelier de Fontainebleau, décor d'arabesques aux armes de François Ier (grec 1361)

Décors avec des morceaux d'arabesques

Les deux décors qui suivent, appliqués eux aussi sur des reliures primitives, sont manifestement des variantes de la reliure précédente, reprenant l'un[188] uniquement la petite arabesque des coins (ill. 41, p. 67), l'autre l'arabesque et les deux grands fers[189] placés au centre des côtés (ill. 42, p. 67), qu'ils combinent avec des rubans. Cette seconde reliure confirme par son existence même que les entrelacs et les premières arabesques sont contemporains. Il semble cependant que les raccords de filets assez raides et maladroits ne puissent pas être attribués aux doreurs des deux premières reliures.

La petite arabesque des coins constitue le seul exemple de copie en série de ce type de décor, et encore ne s'agit-il que d'un motif partiel, placé en complément d'entrelacs dans les coins des encadrements. Ce sont plutôt les motifs de la seconde reliure qui sont en partie repris sur les trois reliures « tardives » aux armes de François Ier, évoquées à propos des motifs d'entrelacs réalisés en série (tableau III). L'arabesque y est simplifiée et surtout exécutée assez maladroitement par une autre main que celle des reliures antérieures. Ces trois exemples font partie d'une série de douze reliures dont les coins peuvent être aussi ornés de fleurons (tableau VI) provenant de l'atelier de Jean Picard[190].

Aucune reliure à arabesques « pures » n'est réalisée pendant la période 1546-1547, peut-être simplement parce que le ou les doreurs qui en seraient capables ne sont pas disponibles à ce moment-là.

Arabesques de l'atelier de Fontainebleau (1547-1551)

Sous Henri II, l'arabesque va connaître son plein développement au sein de l'atelier de Fontainebleau, même si entre 1547 et 1552 seulement trente-cinq des deux cents manuscrits décorés avec des fers portent un décor de ce type, et que la proportion est à peu près la même pour les livres imprimés : l'arabesque reste toujours un peu à part dans la production de l'atelier.

Les reliures aux armes d'Henri II peuvent être divisées en deux groupes, en fonction de la présence ou non d'un médaillon mosaïqué au centre des plats : jusqu'en 1549 pour les reliures sans médaillon, à partir de la fin de 1549 pour celles qui ont un médaillon. Voyons d'abord les reliures sans médaillon, qui portent l'un des deux blocs armoriés créés dès l'avènement du roi.

Reliures sans médaillon jusqu'en 1549

Au tout début du règne d'Henri II, il semble bien que l'arabesque réapparaisse pour la première fois sur les grands côtés de l'encadrement de la reliure de l'une

188 Ms. grec 1522. **189** Ms. grec 750. **190** H. M. Nixon, *Bookbindings*…, pl. C-E, voir aussi chapitre I, p. 26 et chapitre II, p. 38-39.

des éditions grecques imprimées *ex bibliotheca regia*, c'est-à-dire d'après les manuscrits grecs de la Bibliothèque royale. Ces exemplaires imprimés pourraient bien, comme le suggère Fabienne Le Bars[191], avoir suivi pour être reliés une filière un peu différente de celle des manuscrits : il s'agit bien sûr d'acquisitions nouvelles, et surtout d'exemplaires occupant une place importante dans la politique des dirigeants de la Bibliothèque royale. Pour appuyer cette hypothèse, je dirais qu'il est troublant de constater que c'est justement cette édition de Dion Cassius datée de 1548 qui présente sur ses tranches le motif en forme de mailles de filet exceptionnel figurant aussi sur une reliure unique difficile à attribuer à l'un des ouvriers habituels de l'atelier de Fontainebleau[192]. Cette coïncidence semblerait confirmer que les arabesques restent des réalisations à part dans la production de l'atelier.

Le motif réapparaît à peu près en même temps sur quatre manuscrits grecs dans des réalisations de niveaux assez variables, mais démontrant toutes le souci d'inventivité et l'originalité de leurs doreurs.

Les tranchefiles des trois premières reliures, à pied bleu et naturel et chapiteau monochrome naturel[193], sont identiques à celles qui sont pratiquées à la fin du règne de François Ier et peuvent donc être datées du début du règne d'Henri II, comme le confirment les dates d'édition des imprimés décorés de la même manière. Sur les deux premiers manuscrits[194], les arabesques ne sont pas tout à fait similaires à l'œil et sont très différentes dans leur composition, mais les fers y sont placés à peu près de la même façon et rappellent les grands côtés de l'édition de Dion Cassius citée plus haut. L'arabesque est en effet agencée à partir de la même paire de fers azurés de grande taille (ill. 43, p. 67) qui, sur l'un des manuscrits, est répétée à l'excès. Cette façon de placer le motif rappelle les premières reliures à arabesques aux armes de François Ier.

Il semble qu'ici encore le décor soit construit de la même manière que sur la première reliure à arabesques dorée[195] sous François Ier : c'est surtout visible sur la seconde reliure où il est composé de façon à occuper toute la largeur du petit côté, l'espace laissé vacant du grand côté étant garni n'importe comment. S'agit-il d'œuvres du chef d'atelier ?

Tout change avec le troisième manuscrit[196]. À part les petits carrés tracés au filet assez inhabituels qui marquent les intersections du décor, l'élégant motif de filets et de fers azurés est identique à celui de l'une des six reliures de la bible d'Alcalá éditée en 1548[197]. Mais surtout on y aperçoit les traces de fixation par des épingles (ill. 44, p. 90) d'un modèle correspondant au quart du rectangle, qui a donc été reporté quatre fois sur chaque plat. Contrairement à ce qui se passe pour les séries de l'époque de François Ier, ce modèle n'a pas

191 M.-P. Laffitte et F. Le Bars, *Reliures royales de la Renaissance*, p. 30-31 et nº 43 b. **192** Ms. grec 1859 ; M.-P. Laffitte et F. Le Bars, *Reliures royales de la Renaissance*, nº 38 ; voir aussi chapitre II, p. 47. **193** *Les Tranchefiles brodées*, nº 21. **194** Mss grecs 570 et 1727. **195** Ms. grec 1361 ; voir chapitre II, p. 38. **196** Ms. grec 2228 ; M.-P. Laffitte et F. Le Bars, *Reliures royales de la Renaissance*, nº 45. **197** M.-P. Laffitte et F. Le Bars, *Reliures royales de la Renaissance*, nº 47.

été réutilisé tel quel sur une autre reliure, du moins dans l'atelier de Fontainebleau. En raison de ces innovations à la fois artistiques et techniques, il paraît impossible d'attribuer ce décor à la même main que celle qui a exécuté les deux reliures précédentes. Exceptionnellement, aucun fer héraldique n'est ajouté sur les plats, mais la même lacune peut être constatée sur les deux premières reliures : elles ont en effet échappé, comme les imprimés comparables, à l'ouvrier sans doute bien intentionné mais maladroit ou peu soigneux qui ajoute systématiquement sur les reliures un semé héraldique qui n'est pas indispensable à l'équilibre des décors.

44 Atelier de Fontainebleau, décor d'arabesques aux armes d'Henri II (grec 2228)

Un quatrième manuscrit, de la main de l'un des rédacteurs du catalogue des manuscrits grecs de Fontainebleau, Constantin Palæocappa[198], est couvert d'une reliure en maroquin rouge, elle aussi ornée d'arabesques. Plus aéré que le précédent, l'élégant décor des plats est aussi plus régulier et les filets sont mieux dessinés. Cependant, le doreur a eu du mal à rester dans le carcan d'un cadre trop étroit pour le motif, et plusieurs fers dépassent. On aperçoit sur le cuir les traits de placement qui ont servi pour l'encadrement et le cartouche central, et surtout les trous occasionnés par la fixation à l'aide d'épingles du modèle qui a guidé le doreur. À partir de ce moment, ce procédé de placement devient habituel pour les arabesques. Il apparaît en effet sur toutes les reliures suivantes de l'atelier de Fontainebleau.

Reliures avec médaillon à partir de la fin de 1549

À peu près au moment de l'arrivée des manuscrits provenant de Jean de Gagny, entrés dans la Bibliothèque royale après sa mort en novembre 1549[199], la décision est prise de placer sur toutes les reliures un médaillon central mosaïqué. On continue encore de dorer de temps à autre quelques décors d'arabesques sur des manuscrits, qui ne sont plus forcément en grec, mais en latin, en arabe ou en hébreu.

Trois de ces reliures elles sont d'ailleurs placées sur des manuscrits latins provenant de Jean de Gagny et peuvent donc être datées de 1549-1550. Malgré une certaine lourdeur due à l'abondance du matériel et quelques erreurs ou maladresses habilement camouflées, les arabesques de l'une d'entre elles[200] sont parmi les plus élégantes de la série. Bien qu'elles semblent dues à un très bon doreur, qui a travaillé en épinglant son modèle sur le cuir de couvrure, elles n'atteignent pas la perfection des créations suivantes. Le doreur a employé deux fers particulièrement intéressants, un fleuron en forme de fleur de lotus faisant partie du matériel du relieur du roi[201], dont on ne connaît que deux autres exemples dans un décor d'arabesques, sur un manuscrit grec et sur un imprimé[202], et surtout le fameux fer appelé « trèfle » par Louis-Marie Michon[203] et qui est en quelque sorte la signature des deux ateliers qui l'utilisent, l'atelier de Fontainebleau bien sûr, et l'atelier du relieur du roi à Paris.

Une reliure décrite dans le catalogue des manuscrits grecs de Fontainebleau, et donc antérieure à 1552[204], fournit le seul exemple de composition asymétrique due à l'atelier de Fontainebleau. Débarrassées de grands fleurons azurés qui alourdissent les décors précédents, les arabesques y sont d'une rare élégance. Très riches en matériel, elles intègrent les fers en forme de fleur de

198 Ms. grec 887; M.-P. Laffitte et F. Le Bars, *Reliures royales de la Renaissance*, n° 46. **199** M.-P. Laffitte et F. Le Bars, *Reliures royales de la Renaissance*, p. 95. **200** Ms. latin 435; M.-P. Laffitte et F. Le Bars, *Reliures royales de la Renaissance*, n° 53. **201** H. M. Nixon, *Bookbindings*..., pl. D, fer n° 38. **202** M.-P. Laffitte et F. Le Bars, *Reliures royales de la Renaissance*, n°s 53 et 56. **203** H. M. Nixon, *Bookbindings*..., pl. E, sous le nom de Claude Picques, fer n° 57; L.-M. Michon, « À propos des reliures de l'atelier "au trèfle" », *Le Bibliophile*, n° 3, 1931, p. 112-119. **204** Ms. grec 2896; M.-P. Laffitte et F. Le Bars, *Reliures royales de la Renaissance*, n° 56.

lotus et de trèfle et comportent des filets redoublés, effets nouveaux qui figurent également sur des imprimés reliés au même moment. Ce principe décoratif raffiné qui se développe alors et connaît visiblement un vif succès est caractéristique des meilleures reliures de Fontainebleau. L'excellent doreur qui visite de temps à autre l'atelier est sans doute l'auteur de ce décor particulièrement réussi.

Parmi les autres décors d'arabesques réalisés après 1549, on signalera la reliure d'un manuscrit grec de grande taille (ill. 45, p. 68) où des fragments d'arabesques sont imbriqués dans des entrelacs comme à l'époque de François Ier. Ce même type de reliures composites très harmonieuses, où la nouveauté réside alors dans les effets de couleur qui rehaussent les motifs, perdure en effet sous Henri II[205].

Des arabesques ornent aussi des manuscrits en langues orientales et en particulier un manuscrit hébreu (ill. 46, p. 67). Sa reliure paraît inspirée à la fois d'une des toutes premières reliures réalisées en 1545 dans l'atelier de Fontainebleau (ill. 39, p. 87) et de celle de l'édition *ex bibliotheca regia* de Dion Cassius[206]. De plus, le doreur y a intégré les détails nouveaux déjà évoqués que sont les filets redoublés, le fer en forme de trèfle et des coins plus élaborés.

Les arabesques sur les tranches

Alors que les rinceaux des tranches sont encore ciselés à l'aide d'un burin et d'un marteau, on y voit apparaître, contemporains de ces dernières reliures, des motifs d'arabesques que le ciseleur dessine à l'aide d'outils jusque-là réservés au doreur, filets et fers, dont une partie d'ailleurs n'est pas encore utilisée dans les décors des plats. Ces tranches ornent surtout des manuscrits orientaux, grecs et latins, mais c'est sur les volumes en papier et sur les manuscrits grecs qu'elles sont le mieux lisibles.

Un manuscrit arabe a la particularité unique de présenter les mêmes arabesques sur les plats, où elles sont dorées à l'aide de fers azurés, et sur les tranches, où elles sont ciselées avec ces nouveaux fers non encore utilisés pour dorer sur cuir[207]. Mais c'est sur un très épais recueil de textes médicaux que ces ciselures sont les plus remarquables.

Les plats sont ornés d'un décor simplifié exécuté à l'aide de fers orientalisants[208], inventé pour accélérer la réalisation du programme de reliure, qui contraste fortement avec la spectaculaire ciselure des tranches. Le motif disposé en miroir autour de l'héraldique royale est dessiné avec une rare maîtrise à l'aide d'une roulette et de fers azurés ou vides. Les traces de piqûres, bien visibles sur la surface dorée des tranches, indiquent que les techniques de report du décor par fixation d'un modèle à l'aide d'épingles sont semblables à

205 Ms. grec 1173 ; M.-P. Laffitte et F. Le Bars, *Reliures royales de la Renaissance*, n° 51. **206** Ms. hébreu 328 ; M.-P. Laffitte et F. Le Bars, *Reliures royales de la Renaissance*, n°s 33 et 43 b ; A. R. A. Hobson, *Humanists and Bookbinders*, p. 183. **207** Ms. arabe 1053 ; M.-P. Laffitte et F. Le Bars, *Reliures royales de la Renaissance*, n° 52. **208** Ms. grec 2199 ; M.-P. Laffitte et F. Le Bars, *Reliures royales de la Renaissance*, n° 57 ; sur les décors simplifiés, voir M.-P. Laffitte et F. Le Bars, *Reliures royales de la Renaissance*, n°s 42 b-c, 48 et 57 ; voir chapitre II, p. 39-40.

celles qui sont utilisées sur les plats. C'est la plus aboutie des tranches de ce type, dont on ne trouve l'équivalent à cette époque que sur des textes en langues orientales [209]. On peut se demander si elle est de la même main que les tranches à décors de rinceaux, classiques à Fontainebleau jusqu'à cette date.

Bien que d'autres exemples d'arabesque ciselée sur les tranches, sur des manuscrits grecs cette fois, soient beaucoup plus simples en raison de la finesse des volumes, on y distingue cependant très bien l'enroulement caractéristique du motif. Ces derniers volumes figurent avec leurs reliures dans le catalogue des manuscrits grecs de Fontainebleau [210]. Ils ont donc tous été reliés avant 1552 et la personnalité de l'ouvrier qui réalise ces tranches d'un genre nouveau, avec un matériel qui n'est pas encore utilisé à cette époque dans l'atelier de Fontainebleau, soulève des interrogations assez semblables à celles que pose le travail de certains doreurs. Fait-il partie de l'atelier de Fontainebleau ou de l'atelier parisien du relieur du roi ? Est-il ciseleur sur tranches, doreur ?

Le manuscrit latin 7503

Cette reliure en maroquin citron rehaussé de médaillons noirs [211] sur un Priscien provenant peut-être de l'abbaye de Fleury-sur-Loire, est un cas tout à fait à part dans la production de l'atelier de Fontainebleau. C'est en effet le seul exemple de cloisonnement par des filets droits des motifs d'arabesques, souligné encore par l'ajustement parfait des filets courbes parfois redoublés et des fers azurés. Il est presque identique à celui réalisé pour Thomas Mahieu sur des *Prose* de Bembo, imprimé par Giovan Tacuino à Venise en 1525 [212]. Les trous de placement du modèle, bien visibles ici, ont été camouflés sur la reliure d'amateur. Il paraît évident que la reliure du Priscien est copiée sur le modèle créé pour Mahieu dans l'atelier du relieur du roi à Paris (ill. 47, p. 69), qui utilise les mêmes fers que l'atelier de Fontainebleau. Dans quelles conditions le doreur, bien meilleur que ceux de Fontainebleau, a-t-il fait le décor de ce manuscrit : dans l'officine parisienne où manifestement il travaille habituellement, ou bien à l'occasion d'un passage dans l'atelier de Fontainebleau ? La seconde hypothèse paraît plus plausible, car, du point de vue technique et héraldique, cette reliure constitue bien, avec neuf autres reliures exceptionnelles protégeant aussi des textes classiques [213], mais sans arabesques, une série due à l'atelier de Fontainebleau.

209 M.-P. Laffitte et F. Le Bars, *Reliures royales de la Renaissance*, p. 112. **210** Mss grecs 1666 et 830 ; H. Omont, *Catalogue des manuscrits grecs*, *passim*. **211** Ms. latin 7503 ; M.-P. Laffitte et F. Le Bars, *Reliures royales de la Renaissance*, n° 55. **212** Rothschild VII. 2. 3 (2768) ; E. Picot et P. Lacombe, *Catalogue des livres composant la bibliothèque de feu M. le baron James de Rothschild*…, Paris, IV, p. 46 et pl. ; sur Mahieu et ses reliures, voir G. D. Hobson, *Maioli, Canevari and Others*, Londres, 1926 ; J. Veyrin-Forrer, « Notes sur Thomas Mahieu », *Bookbindings and Other Bibliophily. Essays in Honour of Anthony Hobson*, Vérone, 1994, p. 321-349. **213** Mss d'Arnobe l'Ancien et de Minucius Felix (latin 1661, venant de Fulda et donné à François Ier par Fausto Sabeo), d'Ovide (latins 7993, 8010 et 8016, dont l'un vient de Louis XI ou Charles de France), d'Horace (latins 7975 et 7976)…

Cette reliure témoigne à sa manière de l'étroite parenté entre l'atelier de Fontainebleau et celui du relieur du roi, et de l'utilisation qui sera faite à Paris des inventions qui ont lieu à Fontainebleau.

Les arabesques à partir de 1552

Derniers manuscrits reliés dans l'atelier de Fontainebleau

Quelques volumes dont les reliures ne sont pas décrites dans le catalogue des manuscrits grecs de la Bibliothèque royale de Fontainebleau comportent des décors à base d'arabesques, qui peuvent donc être datés d'après la rédaction de ce catalogue, terminé à la mort de Pierre Du Chastel, c'est-à-dire au début de l'année 1552[214].

Le Ptolémée

Le premier et le plus célèbre est le grand exemplaire[215] de la *Cosmographie* de Ptolémée en grec. Le troisième des encadrements concentriques qui ornent les plats consiste en une étroite bande de cuir décorée d'arabesques comportant plusieurs petits fers nouvellement insérés dans le matériel de l'atelier. Le dos est aussi décoré d'arabesques réalisées à l'aide du matériel de fers azurés habituel de l'atelier de Fontainebleau. Les traces de fixation du modèle sont bien visibles sur le dos et dans le motif d'entrelacs. Les tranches, difficiles à lire, sont dorées et ciselées d'un décor d'arabesques. Alors que le catalogue de 1549-1551 décrit la reliure de tous les manuscrits grecs, de façon succincte mais suffisamment explicite pour différencier les exemplaires, il indique simplement que le Ptolémée est placé dans un coffret et conservé à part[216]. On peut vraisemblablement en déduire qu'au moment de la rédaction du catalogue le volume est dérelié et que sa reliure actuelle est postérieure, comme le confirme la comparaison avec les autres volumes reliés vers 1552.

Onze derniers manuscrits grecs

D'autre part, onze manuscrits grecs[217] tous ornés d'arabesques constituent un lot particulièrement intéressant pour l'étude de l'évolution de ce motif dans l'atelier de Fontainebleau.

La première caractéristique commune de ces manuscrits, qui à une exception près sont des copies antérieures au XVIe siècle, est qu'ils ne sont pas décrits dans le catalogue des manuscrits grecs de la Bibliothèque de Fontainebleau,

214 M.-P. Laffitte et F. Le Bars, *Reliures royales de la Renaissance*, p. 22-23 et 26. **215** Ms. grec 1401 ; M.-P. Laffitte et F. Le Bars, *Reliures royales de la Renaissance*, n° 73 ; A. R. A. Hobson, *Humanist and Bookbinders*, p. 204. **216** H. Omont, *Catalogue des manuscrits grecs*, p. 148, n° 447. **217** Mss grecs 159, 909, 1241, 1260, 1360, 2479, 2363, 2392, 902, 996 et 1138 ; A. R. A. Hobson, *Humanists and Bookbinders*, p. 190.

rédigé par Ange Vergèce, Constantin Palæocappa et Jacques Diassorinos avant le début de l'année 1552[218]. Mais on ne sait rien de leur origine : il paraît difficile, vu la rédaction extrêmement soignée du catalogue, de penser qu'il s'agit de volumes oubliés et l'on s'orientera plutôt vers une acquisition postérieure à la rédaction du catalogue : pourquoi pas des volumes appartenant à Pierre Du Chastel, qui vient de mourir ? Ceci n'est qu'une suggestion, car le contenu des volumes, très varié, ne permet pas de se faire une idée de leur possesseur antérieur : on y trouve en effet des ouvrages juridiques et théologiques, un traité de Ptolémée… On y ajoutera la reliure du catalogue même des manuscrits grecs, daté de 1552 sans doute par Pierre Montdoré lui-même[219].

À cause de leurs tranchefiles à deux étages bicolores, bleu et doré ou vert et doré, et de leurs dos ornés du désormais classique semé de fleurs de lys et de chiffres H couronnés, leurs reliures techniquement homogènes sont bien attribuables aux relieurs de l'atelier de Fontainebleau, d'autant plus que les cahiers sont tous signés d'une main qu'on y rencontre aussi avant 1552. Et elles comportent toutes le médaillon découpé et inséré au milieu de chaque plat pour recevoir les armes royales, qui constitue la caractéristique la plus visible de l'atelier de Fontainebleau à partir de 1549-1550. Enfin, les tranches ciselées à l'italienne sont semblables à celles de l'exemplaire de Démosthène que Pierre Montdoré donne à relier en mai 1552[220]. Mais ces volumes, qui sont en quelque sorte le chant du cygne de l'atelier de Fontainebleau, présentent aussi des différences avec la production tardive de l'atelier.

Du point de vue des couvrures, leurs reliures ont pour caractéristique d'avoir été exécutées par paires : une reliure de maroquin citron, une reliure de maroquin noir le plus souvent, dont les médaillons découpés dans l'une des couvrures ont servi pour compléter les plats de la seconde : cette constatation est claire pour huit de ces reliures qui constituent quatre paires aux couleurs inversées. La même recherche d'associations d'après des reliures légèrement antérieures de l'atelier de Fontainebleau ne mène à rien. Voici deux de ces paires.

Les deux premières reliures[221], l'une en cuir citron (ill. 48, p. 72), l'autre en maroquin noir malheureusement abîmé, sont remarquables par la largeur inhabituelle du rectangle décoratif, due peut-être au format des volumes. Elles présentent toutes les deux un élégant décor d'arabesques, un peu différent mais dessiné à l'aide des mêmes fers azurés, qui semble confirmer que la réalisation de ces reliures a bien été simultanée. Il en est de même pour deux autres volumes[222], dont le rectangle décoratif est un peu moins large : on y constate la même parenté de dessin des arabesques et surtout un matériel de fers renouvelé. Les autres reliures sont plus difficiles à regrouper et parfois un peu

218 H. Omont, *Catalogue des manuscrits grecs*, p. 1-179 *passim*. **219** Ms. grec 3066 ; A. R. A. Hobson, *Humanists and Bookbinders*, p. 184. **220** Ms. grec 3001 ; M.-P. Laffitte et F. Le Bars, *Reliures royales de la Renaissance*, n° 74. **221** Mss grecs 909 et 159. **222** Mss grecs 1241 et 1260.

décevantes, comme la reliure du catalogue des manuscrits grecs qui, pour une raison inexpliquée, ne porte pas de médaillon mosaïqué.

D'après les marques relevées sur les plats, c'est le procédé de fixation du modèle par piqûre sur le cuir qui a été utilisé par le ou les doreurs. Pour ce qui est du matériel de fers, très nettement élargi par rapport à celui qui est utilisé dans les années précédentes sur les plats, il paraît identique à celui qui figure sur les tranches ciselées. À côté des fers azurés traditionnels dans l'atelier de Fontainebleau dès ses débuts apparaissent en effet une série de fers légèrement crantés, de très petite taille, qui figure sur les plats à partir de 1550-1551, et enfin des fers évidés inconnus sur les plats avant 1552 mais dont on constate l'utilisation dans les décors ciselés sur les tranches vers la même date [223].

Les reliures de quelques imprimés provenant peut-être de Louise de Savoie et de trois gros manuscrits des traductions d'Appien et de Justin dédiées par Claude de Seyssel à Louis XII [224], tous en français, sont vraisemblablement réalisées en même temps que cette série de manuscrits grecs.

L'ensemble est intéressant, mais je m'attarderai sur le décor exceptionnel de dextérité et d'élégance (ill. 49, p. 70) qui orne un recueil de traités d'arithmétique relié en maroquin noir [225]. Son motif d'arabesques comporte pour la première fois des fragments de filets droits, artifice décoratif repris avec le brio que l'on sait sur le dos et les plats du tome premier des œuvres de Galien, datables vers 1556-1558 [226]. Il annonce en effet, sans doute possible, les créations postérieures à la fermeture de l'atelier de Fontainebleau en 1552, réalisées avec une dextérité et une imagination plus grandes encore dans l'atelier parisien du relieur du roi quand celui-ci prend à sa charge la reliure des imprimés de la Bibliothèque royale, et en particulier l'une des reliures des œuvres de Georg Agricola, réalisée vers 1556 [227].

On remarquera à cette occasion que la première et l'une des dernières reliures à arabesques de l'atelier de Fontainebleau couvrent les mêmes textes juridiques de Constantin Harmenopulos [228]. Est-ce un hasard ?

Les grands décors

Après la fermeture de l'atelier de Fontainebleau en 1552, l'arabesque qui y a été inventée en 1545 devient l'un des thèmes décoratifs habituels dans la production de l'atelier du relieur du roi à Paris, et les doreurs parisiens qui y travaillent pour la Bibliothèque royale, mais aussi pour d'autres amateurs, vont donc l'utiliser pour les livres imprimés qu'on leur confie à partir de 1552-

223 H. M. Nixon, *Bookbindings*…, pl. E-F, sous le nom de Claude Picques. **224** M.-P. Laffitte et F. Le Bars, *Reliures royales de la Renaissance*, nos 75-76 ; mss français 713-715. **225** Ms. grec 2479. **226** M.-P. Laffitte et F. Le Bars, *Reliures royales de la Renaissance*, no 106 a. **227** *Ibid.*, nos 98 a-c. **228** Mss grecs 1360 et 1361 ; M.-P. Laffitte et F. Le Bars, *Reliures royales de la Renaissance*, no 33.

1553. Grâce entre autres à l'apport esthétique de ce motif, l'atelier de Fontainebleau, où le nombre de reliures à exécuter a malheureusement en partie étouffé la créativité des doreurs, reste présent dans l'art de la reliure bien après sa disparition.

Les imprimés de la Bibliothèque du roi

À part quelques cadeaux offerts à Henri II[229], l'atelier du relieur du roi ne réalise pas de reliures à grand décor sur des manuscrits entre 1547 et 1559. Aucun manuscrit appartenant à la Bibliothèque royale n'est en effet relié après 1552 et ce sont les imprimés qui bénéficient des grands décors commandés pour cette institution. Une magnifique série de reliures ayant conservé dans leur schéma décoratif l'encadrement spécifique de l'atelier de Fontainebleau est donc réalisée pour les livres imprimés destinés à la Bibliothèque de Fontainebleau entre 1554 et 1556. Elles intègrent éléments peints et mosaïqués, motifs héraldiques… et sont d'une qualité nettement supérieure à celles dues à l'atelier de Fontainebleau. Certaines d'entre elles sont ornées de grands décors composés d'arabesques[230].

Reliures pour François II

Le court règne de François II est marqué par la réapparition de reliures protégeant des manuscrits, toutes réalisées dans l'atelier du relieur du roi à Paris, alors dirigé par Claude Picques qui à cette époque occupe bien la fonction de relieur du roi[231].

Quelques reliures aux armes du nouveau roi sont ornées de grands décors d'arabesques qui rappellent très fortement les créations destinées à la Bibliothèque royale pendant le règne précédent, et notamment la reliure du tome premier du Galien relié à Paris pour Henri II vers 1557-1558, mais on y voit aussi l'héritage de l'atelier de Fontainebleau[232]. La plus soignée de ces reliures, sur un recueil de textes astronomiques venant d'Aymar de Ranconnet et donc entré dans la Bibliothèque royale en janvier 1560, est en maroquin rouge et son décor est argenté. Un dessin très proche, en particulier l'encadrement de filets courbes entourant le médaillon armorié, au naturel ou souligné par un fond pointillé au fer (ill. 50, p. 71), figure sur trois autres manuscrits[233]. Ces quatre reliures, certainement contemporaines et datables de l'année 1560, ont été réalisées par paires dans l'atelier du relieur royal, deux en cuir citron, deux en cuir rouge.

On voit bien au bord supérieur de chaque plat de ces reliures les deux trous de fixation du modèle qui a guidé l'exécution du très joli motif de mauresques

229 M.-P. Laffitte et F. Le Bars, *Reliures royales de la Renaissance*, n°s 78-80, 82-84, 86 et 112. **230** M.-P. Laffitte et F. Le Bars, *Reliures royales de la Renaissance*, p. 172-209 *passim*. **231** *Ibid.*, p. 221. **232** *Ibid.*, n° 106 a ; voir aussi note 57 et ill. 74. **233** Ms. latin 7328 ; M.-P. Laffitte et F. Le Bars, *Reliures royales de la Renaissance*, n° 119 ; A. R. A. Hobson, *Humanists and Bookbinders*, p. 211 ; voir aussi les mss. français 954 au chiffre de François II et de Charles IX, 5275 et 5284 au chiffre de Charles IX seul.

ponctué de petits traits et de points qui s'étend sur toute la surface laissée libre par le cartouche armorié. Tous les éléments décoratifs sont argentés, et le décor comporte un grand nombre de fers azurés, dont une paire assez rare, presque tous utilisés dès 1548 dans l'atelier de Fontainebleau. On remarque en particulier le fleuron azuré posé ici à mi-corps sur le bord du décor[234], qui est l'un des tout premiers fers apparus à Fontainebleau. Le dos est orné d'arabesques dorées avec le même matériel. Cet ensemble est en fait directement inspiré de reliures réalisées pour Henri II sur des imprimés.

Reliures à grand décor pour d'autres amateurs

Contrairement à l'atelier de Fontainebleau, l'atelier du relieur du roi à Paris ne travaille pas exclusivement pour la Bibliothèque royale et plusieurs reliures réalisées dans cette officine pour d'autres amateurs ont déjà été évoquées. Voici donc quelques exemples de décors d'arabesques, tous attribuables à cet atelier et contemporains des exemplaires royaux, mais destinés pour la plupart à des membres de l'entourage d'Henri II puis de ses fils[235].

L'atelier parisien reprend à son compte des encadrements à la manière de Fontainebleau, dont deux spécimens très différents illustrent le potentiel de l'atelier, le premier sur un volume relié à la grecque couvrant une édition gréco-latine[236] appartenant à Thomas Mahieu, et le second sur un manuscrit français du xve siècle relié aux armes de Diane de Poitiers, où le motif se détache sur un fond pointillé particulièrement raffiné (ill. 51, p. 72). Des exemples de fonds pointillés figurent également sur des imprimés de la Bibliothèque royale, où ils soulignent aussi des rinceaux[237]. On en voit encore des exemples sur les reliures à la grecque réalisées pour Marcus Fugger[238].

Pour ce qui est des grands décors, ils peuvent être classés en trois types différents. Le premier est bien illustré par les trois superbes reliures en maroquin noir d'un manuscrit de Romuléon[239], dont on ne connaît pas le commanditaire (ill. 52, p. 73). Les arabesques, qui occupent toute la surface des plats, sont datées de 1556 par le doreur lui-même.

Les arabesques peuvent aussi être disposées autour du médaillon central, qui peut être armorié ou purement décoratif. Ce second schéma accompagne en effet des armes sur un Hérodote édité en 1556[240], et donc tout à fait contemporain de la reliure du Romuléon, ou sur un Flavius Josèphe imprimé en 1553,

234 Tableau IV; H. M. Nixon, *Bookbindings…*, pl. E-F, sous le nom de Claude Picques, fer n° 51. **235** A. R. A. Hobson, *Humanists and Bookbinders*, p. 210-211. **236** *The History of bookbinding, 525-1950 AD*, n° 270; H. M. Nixon, *Sixteenth-Century Goldtooled Bindings*, p. 76-80, n° 20; P. Needham, *Twelve Centuries of Bookbinding*, p. 189-190, n° 58. **237** Ms. français 944; J. Porcher, « Les livres de Diane de Poitiers », *Les Trésors des bibliothèques de France*, XXVI (1942-1946), p. 78-89 et ill. XX; M.-P. Laffitte et F. Le Bars, *Reliures royales de la Renaissance*, n°s 103 et 104. **238** H. M. Nixon, *Sixteenth-Century Goldtooled Bindings*, p. 26; P. Needham, *Twelve Centuries of Bookbinding*, p. 204-205, n° 63. **239** Mss français 365-367; Fr. Avril et N. Reynaud, *Les Manuscrits à peintures en France*, p. 327 et 334. **240** *Bibliothèque Raphaël Esmérian. Première partie. Manuscrits à peintures, livres des xve et xvie siècles*, Paris, 1972, n° 71; A. R. A. Hobson, *Humanists and Bookbinders*, p. 194.

qui porte les armes et le nom d'Hémard Denonville [241], et un médaillon annonçant les premières fanfares sur un exemplaire en maroquin citron portant la devise du célèbre amateur Jean Grolier [242]. Sur un bréviaire romain édité à Lyon en 1556 et relié pour Marcus Fugger, le cadre au filet entourant la plaque ovale décorative dorée au centre des plats est presque identique à celui de reliures aux armes de François II [243].

Citons enfin l'édition aux armes d'Anne de Montmorency (ill. 53, p. 72) de la traduction de Diodore de Sicile par Jacques Amyot. Si l'exemplaire royal porte une superbe reliure de maroquin noir ornée de rinceaux argentés, celle qui a été réalisée pour le connétable avec un matériel de fers maintenant familier adopte un troisième parti décoratif d'inspiration orientale, à médaillon central et écoinçons, lui aussi pratiqué pour plusieurs reliures de la Bibliothèque royale, et en particulier pour le Machiavel [244].

Autres ateliers

À partir de 1552, l'arabesque paraît donc bien être une spécialité de l'atelier du relieur du roi à Paris. D'autres ateliers s'y sont essayés, mais peu avec le même brio. On peut cependant en citer deux, qui ont travaillé pour Jean Grolier [245].

Le premier est l'atelier dit « de l'Arc de Cupidon », qui utilise un schéma proche de celui de la reliure Montmorency sur une édition de Michel Vascosan datée de 1556 peut-être destinée au fils du connétable, François de Montmorency. Cet atelier, qui a beaucoup travaillé pour Grolier et très peu pour le roi, ne semble pas avoir été sollicité pour des manuscrits [246]. Et le seul qui puisse être comparé avec l'atelier du relieur du roi est un autre atelier parisien, dit « du dernier relieur de Grolier », dont les fers, copiés sur ceux qui ont été créés pour Fontainebleau, ont été identifiés et publiés par Howard Nixon en 1965 [247].

Voici quelques exemples de la production de cet atelier : la première reliure (ill. 54, p. 72) orne un grand missel manuscrit commandé par Jacques de Beaune, trésorier d'Anne de Bretagne et évêque de Vannes, fils de Jacques de Beaune de Semblançay qui fut le « financier » de plusieurs rois de France [248]. On ne sait pas qui, entre Jacques de Beaune, destinataire du manuscrit, mort en 1511, et le propriétaire de la fin du XVIe siècle, Nicolas Fumée, a fait réaliser cette très

241 *The History of Bookbinding, 525-1950 AD*, n° 273. **242** *Exposition de la Société de la reliure originale, accompagnée d'une présentation des reliures ayant appartenu à Jean Grolier*, Paris, 1959, n° 95. **243** M. M. Foot, *The Henry Davis Gift. A Collection of Bookbindings*, Londres, 1978, p. 170-178. **244** Rothschild I. 7. 31 (sans numéro, non décrit dans le catalogue de Picot) ne figure pas dans *Livres du connétable. La bibliothèque d'Anne de Montmorency*, catalogue par T. Crépin-Leblond, Écouen, 1991 ; M.-P. Laffitte et F. Le Bars, *Reliures royales de la Renaissance*, n°s 110 et 93. **245** A. R. A. Hobson, *Humanists and Bookbinders*, p. 271. **246** H. M. Nixon, *Sixteenth-Century Gold-tooled Bindings*, p. 129-134, n° 34 ; P. Needham, *Twelve Centuries of Bookbinding*, p. 214-216, n° 67 ; H. M. Nixon, *Bookbindings…*, pl. G-I ; M.-P. Laffitte et F. Le Bars, *Reliures royales de la Renaissance*, n° 111 ; A. R. A. Hobson, *Humanists and Bookbinders*, p. 196. **247** H. M. Nixon, *Sixteenth-Century Gold-tooled Bindings*, p. 176-179, n° 45 ; P. Needham, *Twelve Centuries of Bookbinding*, p. 247-249, n° 79 ; H. M. Nixon, *Bookbindings…*, pl. J-K. **248** Ms. latin 886 ; Fr. Avril et N. Reynaud, *Les Manuscrits à peintures en France*, p. 300-302.

spectaculaire reliure bicolore dont les boulons sont vraisemblablement originaux. Cette reliure reprend le même schéma décoratif que celles de l'édition de Vascosan, due à l'atelier de « l'Arc de Cupidon », et du Diodore aux armes des Montmorency, attribuable à l'atelier parisien du relieur du roi.

Mais surtout on peut citer cette série de reliures en maroquin rouge exécutée dans le même atelier, qui peut être considérée comme un chef-d'œuvre comparable à certaines suites attribuables au grand doreur d'Henri II et donc à l'atelier du relieur du roi à Paris. Il s'agit des six volumes des œuvres d'Aristote, dans l'édition princeps imprimée sur vélin par la maison vénitienne des Alde en 1495-1498 [249]. Chaque volume présente sur ses plats un grand décor d'arabesque différent, organisé autour d'une étoile à cinq branches qui a peut-être une signification symbolique ou emblématique, pour lequel le doreur a su reprendre à son compte et personnaliser ces superbes motifs inventés une dizaine d'années plus tôt dans l'atelier de Fontainebleau.

249 *Bibliothèque Raphaël Esmérian*..., n° 14 et pl. ; G. D. Hobson, *Les Reliures à la fanfare*, Londres, 1935, pl. V ; A. R. A. Hobson, « The Harcourt Aristotle », *The Book Collector*, 1998, p. 483-485.

Autour de Du Tillet : reliures de dédicace pour Henri II

En parallèle au premier chapitre réservé aux reliures des manuscrits de dédicace à François Ier, voici celles qui ont été offertes à son fils Henri II (31 mars 1547-10 juillet 1559).

Henri II et les livres

Si le nombre de manuscrits offerts à François Ier pendant les trente-deux longues années de son règne est important, et si une bonne partie d'entre eux ont conservé la reliure dans laquelle ils ont été présentés au roi, Ernest Quentin-Bauchard[250] semble croire que la situation est encore plus favorable sous Henri II. En effet, il cite deux cent soixante-douze manuscrits en latin, italien et langues orientales reliés aux armes d'Henri II, qu'il considère comme des acquisitions personnelles du roi, alors qu'il s'agit soit de manuscrits venant de Jean de Gagny, mort en 1549, soit de volumes entrés depuis bien plus longtemps dans les collections royales et souvent passés par la Librairie royale de Blois avant d'être reliés à Fontainebleau. *A contrario*, il indique à juste titre que la plupart des manuscrits grecs ne sont pas des acquisitions faites par Henri II, mais il ne remarque pas les quelques reliures de dédicace qui en font partie[251].

Si l'on sait que, vers juin 1544, François Ier a réuni à Fontainebleau les livres qui lui venaient de sa famille, mais aussi ses acquisitions propres, longtemps conservées en dehors de la Bibliothèque royale, on ignore si Henri II fait véritablement acquérir et relier de façon particulière des livres personnels. Il est assez révélateur de voir qu'à son propos Léopold Delisle[252] ne cite pratiquement que des volumes réunis au château d'Anet par Diane de Poitiers, reliés certes avec grand luxe et décorés des emblèmes guerriers et du chiffre du roi, mais aux armes de la maîtresse du roi, parmi lesquels la *Chronique de la Bouquechardière* de Jean de Courcy (ill. 55, p. 74), manuscrit du XVe siècle en deux volumes qui à l'époque de Diane de Poitiers fait partie de la bibliothèque du château d'Anet[253].

La situation est en réalité fort différente. Nous avons vu que, pour ce qui concerne la Bibliothèque royale et les programmes de reliure organisés pour elle, l'œuvre commencée sous le règne précédent continue, prend de l'ampleur et est menée à son terme. De très nombreux manuscrits sont donc reliés entre

250 E. Quentin-Bauchard, *La Bibliothèque de Fontainebleau et les livres des derniers Valois à la Bibliothèque nationale (1515-1589)*, p. 75-134. **251** M.-P. Laffitte et F. Le Bars, *Reliures royales de la Renaissance*, p. 153-169, 210-217 et *passim*. **252** *Le Cabinet des manuscrits*, I, p. 187-189. **253** Mss français 6183 et 15459 ; J. Porcher, « Les livres de Diane de Poitiers », p. 83-84, nos 11-12 et pl. XXII.

1547 et 1552 aux armes du roi. Il ne s'agit en aucun cas d'ouvrages personnels, puisque ces volumes sont destinés ou appartiennent déjà à la Bibliothèque royale. Écrits surtout en grec, en latin ou en langues rares, ils contiennent des textes savants ou scientifiques qui reflètent plus les intérêts des maîtres successifs de la Librairie et des érudits contemporains que ceux du roi. S'il continue de soutenir la publication des textes rares contenus dans la Bibliothèque, Henri II n'en ouvre peut-être pas un seul. Les reliures réalisées dans l'atelier de Fontainebleau spécialement créé à cet effet sont « royales », mais leur contenu ardu et austère est à cent lieues des intérêts du roi. Et les motifs des plats, à l'exception de quelques-uns parmi les plus élégants (ill. 49, p. 70), n'ont pas grand-chose de commun avec les reliures à grand décor que nous allons voir maintenant. Les livres imprimés, y compris ceux que Pierre Montdoré donne à relier au relieur du roi à Paris à partir de mai 1552, ne font pas plus partie des collections personnelles d'Henri II[254]. Ils constituent la grande majorité des volumes cités par Quentin-Bauchard.

On connaît peu les goûts du souverain et, à part quelques œuvres littéraires comme le célèbre *Amadis de Gaule*, sorte de roman de chevalerie écrit par un officier espagnol, que le jeune prince a lu pendant sa longue captivité en Espagne, on ne sait pas grand-chose de ses lectures. Comme l'indique un ambassadeur vénitien, « bien qu'il parlât couramment le français, l'italien et l'espagnol, il n'était pas lettré et savait tout bonnement lire et écrire[255] ».

Les manuscrits de dédicace et leurs auteurs

En fait, les manuscrits de dédicace qui entrent à cette époque dans les collections royales sont loin d'être aussi nombreux que sous François Ier, et leur contenu s'appauvrit. Si au début du règne on offre encore au roi des traductions françaises de textes grecs imitant les nombreuses plaquettes datables des années 1540, les reliures pour Henri II couvrent essentiellement des ouvrages de circonstance, à caractère essentiellement politique ou courtisan, que Français ou étrangers, diplomates, courtisans, membres de l'aristocratie, souvent les mêmes que sous le règne précédent, continuent d'offrir au roi. Certains sont très loin des intérêts du souverain et trois d'entre eux sont en grec, langue que le prince ne connaissait évidemment pas. Copiés par Ange Vergèce, ils contiennent des textes de stratégie militaire et d'art de la chasse, qui auraient pu intéresser le roi s'ils n'avaient justement été en grec !

Du Tillet

Certains volumes présentés au roi constituent une nouveauté par rapport au règne précédent : leur contenu, leur statut et leur aspect auraient pu les amener à Fontainebleau, mais ils ne figurent pas dans l'inventaire de la Bibliothèque

254 M.-P. Laffitte et F. Le Bars, *Reliures royales de la Renaissance*, *passim*. 255 I. Cloulas, *Henri II*, Paris, 1985, p. 62-65 et *passim*.

royale de la fin du XVIe siècle. Il s'agit des recueils de Jean Du Tillet, réalisés à partir des archives royales.

Nous allons donc passer en revue des volumes qui font partie de ces différentes catégories et qui ont conservé leurs reliures anciennes. Leur nombre est limité, mais il s'agit presque toujours de reliures à grand décor, présentant chacune un intérêt particulier pour l'historien de la reliure.

La place de plus en plus grande de l'imprimé, qui est bien réelle, n'explique pas totalement cet appauvrissement du manuscrit de dédicace : les échanges entre le roi et ceux qui sont au cœur de la vie intellectuelle se raréfient ou s'expriment sous une autre forme. D'ailleurs, on verra revenir sous Louis XIV ce type de cadeau qui joue dans les relations entre le donateur et le roi un rôle un peu différent de l'imprimé : de nombreux volumes conservés dans le cabinet du roi à Versailles sont des manuscrits de dédicace, comparables dans leur contenu et leur forme à ceux qui ont été offerts à François Ier ou à Henri II.

Premières reliures

Henri dauphin

Voyons donc pour commencer les manuscrits offerts au prince avant son avènement. Henri II devient dauphin à partir de 1536, après la mort de son frère aîné François. Cependant la situation est totalement inversée par rapport à son père, qui n'a jamais été dauphin mais qui reçoit des présents alors même qu'il n'est qu'un héritier lointain de la Couronne, en raison sans doute des traditions de la famille d'Orléans mais aussi de la qualité de l'éducation que Louise de Savoie dispense à son fils. Héritier officiel dès cette époque, le dauphin ne reçoit que quelques rares manuscrits entre 1536 et 1547.

Le premier qui nous soit parvenu est une traduction française par Jacques Colin, humaniste, abbé de Saint-Ambroise, lecteur du roi depuis 1529, traducteur du *Courtisan de Castiglione*, et mort en 1547. Il s'agit ici du livre XIII, traitant du débat d'Ajax et d'Ulysse à propos des armes d'Achille, des *Métamorphoses* d'Ovide, qui sera édité en 1547. Jacques Colin s'est donné le mal de faire réaliser deux copies identiques de son texte, l'une destinée au roi, l'autre au dauphin. Cette dernière est couverte d'une reliure certainement postérieure à 1536, que l'on peut attribuer grâce au matériel de fers utilisé sur les plats à l'atelier dit « de l'Oiseau qui becquète » (ill. 56, p. 75). Le décor est très proche et contemporain de celui de la reliure offerte à François Ier (ill. 19, p. 59)[256].

Une autre reliure très intéressante couvre une traduction en français anonyme d'une tragédie d'Euripide, *Les Suppliantes*, qui appartient à la

256 Ms. français 2329 ; article « Jacques Colin », *Dictionnaire des lettres françaises, XVIe siècle*, p. 185. Voir aussi chapitre I, p. 26.

collection Rothschild du département des Manuscrits[257]. Très semblable aux traductions du grec offertes à François Ier, cette version ne paraît pas avoir donné lieu à une impression contemporaine. L'élégant petit volume en parchemin orné d'une lettrine peinte est très proche des plaquettes contenant différentes traductions du grec offertes à François Ier par Hugues Salel et par d'autres, qui ont été reliées par le « relieur de Salel », atelier parisien de grande qualité spécialisé dans la reliure de dédicace[258]. Le maroquin noir ou olive (ill. 57, p. 75) de la reliure destinée au dauphin est aussi orné d'un semé de H, de dauphins et de fleurs de lys alternés, qui cette fois est entièrement doré, le cartouche central est, quant à lui, presque identique à celui d'un tome des *Vies* de Plutarque traduites par Jacques Amyot (ill. 12-14, p. 53 et 54). L'aspect technique de la reliure, ses tranchefiles vertes et ses tranches dorées, les traces de rubans roses fermant le volume, sont identiques à ceux des reliures attribuées au « relieur de Salel » et la fleur de lys est dorée à l'aide du même fer que celui qui figure sur les reliures royales. Cette reliure très classique date de 1540 environ.

Malgré leur rareté, ces premières reliures offertes à Henri encore dauphin entre 1536 et 1547 apportent un témoignage intéressant : elles sont réalisées dans le même esprit et sortent des mêmes ateliers que les reliures de dédicace offertes à son père. De plus, l'une d'entre elles, offerte par Jacques Colin, fait partie d'une opération liée roi-dauphin.

Une reliure ambiguë

En revanche, une troisième reliure française avec des dauphins est trompeuse. L'auteur en est le mathématicien, astronome et cartographe Oronce Fine, premier lecteur royal en mathématiques. En 1543, il offre au roi *L'Art et la manière de trouver la longitude*, comme l'indique sans ambiguïté possible la mention en tête du texte. Mais ce volume est couvert d'une reliure de veau fauve où l'on voit des dauphins et des fleurs de lys (ill. 15, p. 53). L'explication de ce désaccord apparent entre contenu et contenant se trouve dans l'édition imprimée que Fine a présentée au roi en 1536, dont le frontispice offre la même association inattendue. Les dauphins sont en fait une allusion aux origines de l'auteur, qui était dauphinois, et les fleurs de lys rappellent son statut de lecteur royal. Cette reliure, comme celle du *Traité de la composition d'un instrument qu'on appelle le quarré geometrique*, daté de 1538, est bien destinée au roi et non au dauphin[259].

Une reliure française datable de 1547

On peut aussi évoquer la reliure en maroquin noir ou bleu foncé d'un petit traité d'art militaire, le plus ancien concernant l'armement de galères. Il est

257 Rothschild I. 3. 27 (sans numéro, non décrit dans le catalogue de Picot) ; M.-P. Laffitte et F. Le Bars, *Reliures royales de la Renaissance*, n°s 11-16. **258** Mss français 1395, 1396, 1400 et 1401 ; M.-P. Laffitte et F. Le Bars, *Reliures royales de la Renaissance*. Voir aussi chapitre I, p. 22. **259** Mss français 1334 et 1337 ; *À la découverte de la terre. Dix siècles de cartographie*, Paris, 1979, n° 101 ; U. Baurmeister et M.-P. Laffitte, *Des livres et des rois*, n° 59 ; A. R. A. Hobson, « Une note sur le fer de reliure d'un dauphin », p. 139-142. Voir aussi chapitre I, p. 23-24.

intitulé *Stolonomie* et cette fois vraiment dédicacé à Henri II [260]. Dans sa présentation, sa décoration d'initiales à la plume, cette plaquette est tout à fait dans le style des manuscrits de présentation à François Ier et le décor doré des plats, qui imite des créations pour Grolier et pour d'autres amateurs (ill. 58, p. 75), rappelle le règne précédent. Cette création un peu archaïsante, qui ne comporte aucun élément armorié et dont les fers sont inédits, est vraisemblablement due à un atelier parisien inconnu, dont le matériel et la façon sont proches de certaines créations de l'atelier dit « de l'Oiseau qui becquète » [261]. Elle a sans doute été remise à Henri II peu de temps après son avènement, en 1547 ou 1548, comme le confirme le contenu du traité. L'auteur, qui ne donne pas son nom, est probablement un Français qui connaît très bien son sujet.

Reliures italiennes pour Henri II

Comme sous le règne précédent, les Italiens sont présents à la cour d'Henri II. D'autres envoient d'Italie leurs présents au roi de France. Ils ne sont pas aussi nombreux qu'auparavant, mais la tradition des cadeaux se maintient et quelques créations venant de la péninsule figurent donc parmi les reliures de dédicace à Henri II. En introduction aux reliures suivantes, qui sont offertes au prince après son avènement le 31 mars 1547, nous commencerons par une reliure romaine. Sa date exceptionnelle lui octroie en effet une place de transition entre les reliures offertes au dauphin et celles offertes au roi.

Il s'agit d'un recueil important, les *Vies des douze Visconti* de Paul Jove, médecin, prélat, historien, collectionneur et latiniste [262]. Ce manuscrit est une curiosité : la lettre de dédicace est sans ambiguïté possible adressée à « Henrico Galliae delphino », mais la date a été retouchée dans une encre d'une couleur différente du texte : on a corrigé la mention originale « second jour des kalendes d'avril » en « quatrième jour des kalendes d'avril » 1547, et le 31 mars est devenu le 29 mars 1547. On peut imaginer que l'auteur, apprenant la mort de François Ier le 31 mars, alors qu'il s'apprête à envoyer son cadeau, corrige la date pour honorer son projet : le manuscrit a été réalisé et relié pour le dauphin. C'est le roi qui le reçoit. Copié sur du papier à filigrane italien d'une main qui ressemble beaucoup à celle du copiste d'origine germanique Christophe Auer, ce manuscrit contient de magnifiques dessins collés sur les feuillets qui sont rehaussés de peinture représentant les membres de la famille Visconti, parmi lesquels Galéas Ier, duc de Milan de 1277 à 1328. Ces portraits ont été réalisés d'après des sources iconographiques contemporaines, tableaux, médailles, statues. Henri II descendait de ces personnages par son arrière-arrière-grand-mère Valentine Visconti, comme le rappelle l'auteur.

260 Ms. français 2133 ; J. G. Fennis, *La « Stolonomie » et son vocabulaire maritime marseillais : édition critique d'un manuscrit du XVIe siècle et étude historique des termes techniques levantins…*, Amsterdam, 1978. **261** *Librairie Lardanchet. Beaux livres anciens et modernes*, Paris, 2000, n° 20. **262** Ms. latin 5887 ; E. Müntz, « Le musée de portraits de Paul Jove… », *Mémoires de l'Institut de France, Académie des inscriptions et belles-lettres*, XXXVI / 2 (1901), p. 249-340 ; E. Pellegrin, *La Bibliothèque des Visconti et des Sforza ducs de Milan, suppl.*, Florence et Paris, 1969, p. 6.

La sobre reliure de maroquin rouge a malgré tout été offerte telle quelle à Henri II, puisqu'elle figure dès la fin du XVIe siècle dans les collections royales[263]. Elle porte un double encadrement de filets dorés cantonné d'un fleuron aux quatre coins, un double fleuron central et, au dos, un dauphin dans chaque entre-nerf. Elle est sûrement italienne et même vraisemblablement romaine, comme le suggère la mention dans le manuscrit, mais aussi l'alternance au dos de nerfs épais et fins, usage fréquent à cette époque dans les ateliers de la péninsule et en particulier romains, tels que celui de « maître Luigi » ou d'autres contemporains[264]. Les tranches sont peintes en bleu, il y a quatre liens de soie sur chaque plat (ill. 59, p. 75).

L'album de Paul Jove sera édité par les soins de Geoffroy Tory et de Robert Estienne en 1549, puis réimprimé en 1552. Les miniatures du manuscrit, qu'Eugène Müntz attribue à l'école milanaise, ont été très fidèlement reproduites sur bois par le graveur, comme cela arrive souvent lorsqu'un manuscrit de dédicace sert pour une impression. D'après la date de l'impression, le manuscrit est certainement arrivé à Paris peu de temps après sa réalisation.

Bien qu'elle couvre sans aucun doute possible l'exemplaire de dédicace au roi, la seconde reliure italienne offerte à Henri II n'est entrée dans les collections nationales qu'à la Révolution[265]. Même si le volume se trouve bien en France dès le XVIe siècle, on peut se poser la question de savoir s'il a vraiment été remis au roi. Pour une fois, on peut répondre oui catégoriquement, car Moreri raconte dans son *Dictionnaire* que l'auteur a reçu en remerciement une chaîne d'or valant plus de cent pistoles[266].

Cet auteur est Fausto Sabeo, originaire de Brescia, bibliothécaire de la Bibliothèque vaticane de 1522 environ jusqu'à sa mort en 1559. Il avait déjà offert un recueil de poèmes à François Ier, copié à Rome et daté du 1er août 1536, dont la reliure est caractéristique d'un atelier romain travaillant pour le pape Paul III après 1536[267]. Sans doute très vite après l'avènement, en 1547 ou 1548, Sabeo reprend les mêmes poèmes, les réactualise pour le nouveau roi de France sous le titre *Epigrammata ad Henricum regem Galliae* et les fait copier à Rome. Et il commande une reliure dont l'aspect général rappelle fortement celle qui était destinée à François Ier : malgré la différence de couleur du cuir, les deux volumes ont en commun leur sobre décor de filets et les cuvettes creusées au milieu des plats ; on distingue encore sur celle d'Henri II le nom de

263 H. Omont, *Anciens inventaires et catalogues de la Bibliothèque nationale*, I, *La Librairie royale à Blois, Fontainebleau et Paris au XVIe siècle*, Paris, 1908, p. 322, n° 1220. **264** A. R. A. Hobson, *Apollo and Pegasus*, voir les dos des reliures attribuées à « maître Luigi », pl. I, Marcantonio Guilhery, pl. III, et Niccolo Francese, pl. VI (a). **265** Ms. latin 17908 ; ce manuscrit a fait partie au XVIIe siècle de la collection Bouhier et on le retrouve ensuite à Clairvaux ; *La Bibliothèque de Clairvaux du XIIe au XVIIIe siècle*, I, *Catalogues et répertoires publiés par A. Vernet avec la collaboration de J.-F. Genest et de l'IRHT*, Paris, 1979, p. 767. **266** L. Moreri, *Grand dictionnaire historique*..., nouvelle édition, IX, Paris, 1759, p. 7. **267** Ms. latin 8401 ; Ch. Samaran et R. Marichal, *Catalogue*, III, p. 49 ; A. Ruysschaert, *Legature papali da Eugenio IV a Paolo VI*, Rome, 1977, p. 35-53 ; A. R. A. Hobson, *Humanists and Bookbinders*, p. 180 et 194 ; T. De Marinis, *La Legatura*, n°s 594, 677 et *passim*. Voir chapitre I, p. 25.

l'auteur et le titre de l'œuvre au plat supérieur, la mention de dédicace au roi au plat inférieur (ill. 60, p. 76).

La reliure de maroquin rouge à décor doré dont les tranches sont dorées et ciselées à l'italienne a sans doute été réalisée par l'un des relieurs travaillant pour le pape Paul III. La même fleur de lys très épanouie aux pétales un peu recourbés vers l'extérieur est en effet visible sur la reliure aux armes du pape Paul III de l'exemplaire de dédicace des commentaires sur Aristote par Agostino Nifo, édités à Rome en 1546[268].

Le premier de ces relieurs est « maître Luigi », qui est connu comme relieur de la chapelle secrète du pape à partir de 1542[269]. Il a relié quinze manuscrits grecs que le cardinal Nicolas Gaddi a offerts à François Ier après octobre 1542[270]. Si c'est bien lui qui a aussi relié le manuscrit de Sabeo, le relieur s'est ici contenté d'utiliser des fleurs de lys, alors qu'il avait fait graver une salamandre pour une reliure destinée à François Ier[271].

Le second relieur qui pourrait être l'auteur de cette reliure est Niccolo Francese, lui aussi relieur du pape, dont quelques reliures aujourd'hui conservées à la Bibliothèque vaticane présentent sur les plats un espace creusé en cuvette, destiné à recevoir le titre du volume, identique à celle du Sabeo[272].

Les épigrammes de Sabeo seront finalement éditées à Rome en 1556. Je n'en ai pas trouvé d'exemplaire ayant conservé sa reliure de dédicace à Henri II, s'il y en a jamais eu un.

Parmi les reliures italiennes offertes à Henri II, on peut citer encore une reliure aujourd'hui conservée à New York, sur un manuscrit daté de novembre 1543 de Giovanni Della Casa. Archevêque de Bénévent depuis 1544, puis nonce pontifical à Venise, il est mort en 1556. Il s'agit d'une reliure de maroquin brun dont les plats sont couverts de soie rouge sur laquelle sont collés des motifs de cuir découpé qui dessinent des caissons et des rinceaux entourant les armes de France et le triple croissant très particulier qu'on voit sur de nombreuses reliures destinées à Henri II ou à la Bibliothèque royale.

Howard Nixon penche plutôt pour une origine romaine, mais il indique ses hésitations en raison du fait qu'il n'existe aucun autre exemple de ce type de reliure en provenance de Rome. Il signale des exemples vénitiens, dont la reliure destinée à Peter Ugelheimer déjà citée dans le chapitre précédent[273], exemples auxquels on peut ajouter la reliure du Serlio conservé à la Réserve des livres rares de la Bibliothèque nationale de France. Della Casa pourrait avoir fait relier son manuscrit pendant l'un de ses séjours à Venise. Nixon rappelle aussi que plusieurs reliures françaises aux armes d'Henri II portent

268 *Legature papali da Eugenio IV a Paolo VI*, Vatican, 1977, nº 91. **269** A. R. A. Hobson, *Apollo and Pegasus*, p. 70-76. **270** M.-P. Laffitte et F. Le Bars, *Reliures royales de la Renaissance*, p. 16 et nº 26. **271** Ms. latin 6861 ; A. R. A. Hobson, « Les reliures italiennes de la bibliothèque de François Ier », p. 426 ; *id.*, *Humanists and bookbinders*, p. 263 ; T. De Marinis, *La Legatura*, nos 2790-2792 ; M.-P. Laffitte et F. Le Bars, *Reliures royales de la Renaissance*, nº 9. Voir chapitre I, p. 21. **272** A. R. A. Hobson, *Apollo and Pegasus*, p. 76-86 ; *Legature papali da Eugenio IV a Paolo VI*, nº 55. **273** A. R. A. Hobson, *Humanists and Bookbinders*, p. 40-41 et 50-55.

des éléments de cuir découpé collé sur de la soie[274]. Ces reliures peuvent être attribuées à l'atelier de Fontainebleau et la plus curieuse couvre un équatoire de la fin du XVe siècle (ill. 61, p. 77). Mais Nixon souligne que le dos de la reliure présente une alternance de gros et de petits nerfs assez typique des reliures romaines, semblable à celle du Paul Jove[275]. C'est pourquoi, faute d'avoir pu examiner cette reliure moi-même, je m'en tiendrai à la proposition prudente de Nixon qu'Anthony Hobson reprend tout en suggérant le nom de Niccolo Francese et en indiquant que les parties découpées sont peut-être des ajouts[276].

J'ajouterai à ces reliures italiennes celle d'un manuscrit latin portant au contreplat supérieur le titre suivant « Decreta concilii Tridentini ad regem galliae a patribus missa ». Des trous dans la marge inférieure des feuillets de parchemin indiquent que ce document, dû au Provençal Antoine Filhol (ou Filleul), archevêque d'Aix-en-Provence et représentant de François Ier au concile de Trente, a été un temps conservé tenu en liasse par un lien et scellé. Il s'agit en effet d'une copie authentique de la main d'Angelo Massarelli et au feuillet 2 figure une lettre de Jean-Marie Del Monte, cardinal-évêque de Palestrina, datée de Bologne le 13 janvier 1548.

La reliure de veau fauve est ornée d'un décor d'entrelacs géométriques et de fers, l'un en forme de cœur et l'autre en forme de fleurette très nette tout à fait atypique, avec des accolades réunies par un fer en forme de petit cercle. Il est posé au trait et au compas (ill. 62, p. 77). Les armes de France y sont réalisées à l'aide de petits fers, les entrelacs et l'écu portent des traces de peinture bleue, on voit des traces sur chaque plat de quatre rubans de couleurs différentes. Le fer de la bordure pourrait indiquer une origine italienne, de même que les claies de parchemin, découpées dans un manuscrit italien du XIIe siècle[277]. Les tranches sont dorées.

Un autre exemplaire de ces décrets, de la main du même personnage, et avec en plus une lettre d'Antoine Filhol, se trouve à la Pierpont Morgan Library. Datée vers 1548-1550 par Dorothy Miner, la reliure peut être attribuée sans hésitation à l'atelier, parisien celui-là, « de l'Oiseau qui becquète »[278].

La reliure de la Bibliothèque nationale de France est-elle vraiment française ? Maurice Piquard en doute, à mon avis très justement[279]. En raison de la personnalité et des fonctions du donateur, Antoine Filhol, il pourrait s'agir d'une imitation provinciale ou plutôt italienne d'une reliure parisienne antérieure. Les onze premiers feuillets, correspondant peut-être à la lettre

274 Mss grec 1401 et latin 7276 B ; M.-P. Laffitte et F. Le Bars, *Reliures royales de la Renaissance*, nos 72 et 73 ; A. R. A. Hobson, *Humanists and Bookbinders*, p. 204. **275** Voir chapitre IV, p. 105-106. **276** H. M. Nixon, *Sixteenth-Century Goldtooled Bindings*, p. 67-72, no 18 ; P. Needham, *Twelve Centuries of Bookbinding*, p. 194-198, no 60 et pl. XXV. **277** Ms. latin 1524 : ce manuscrit, qui ne figure pas dans les inventaires de la Bibliothèque royale au XVIe siècle, a fait partie de la bibliothèque du cardinal Mazarin ; Fr. Avril et Y. Zaluska, *Manuscrits enluminés d'origine italienne*, I, *VIe-XIIe siècles*, nos 61-63. **278** *The History of bookbinding*, no 260. **279** M. Piquard, « Reliures parisiennes du XVIe siècle conservées à la bibliothèque Mazarine », *Bibliothekswelt und Kulturgeschichte*, Munich, 1977, p. 147-154.

d'Antoine Filhol, ont été coupés dans l'exemplaire parisien. Et laquelle des deux reliures conservées couvre l'exemplaire de dédicace ?

Une reliure suisse ?

Pour en finir avec ces cadeaux venus de l'étranger, voici une très curieuse reliure couvrant un ouvrage en latin sur la langue française, qui est à la fois une grammaire et un ouvrage de propagande. L'auteur est un Suisse nommé Osvald Stocker, peut-être originaire, d'après son patronyme, de la région de Lucerne, qui est pourtant une région germanophone. Je ne peux malheureusement en dire plus sur ce personnage, qui ne figure ni dans le catalogue général imprimé de la Bibliothèque nationale, ni dans le dictionnaire de biographie nationale suisse [280].

Il s'agit d'une reliure peinte, malheureusement assez abîmée (ill. 63, p. 77), où figurent, autour d'armes de France un peu fantaisistes, les écus peints des treize cantons qui constituent à cette époque la Confédération helvétique. On reconnaît difficilement le premier, celui de Zurich, mais les autres, Berne, Lucerne, Uri, Schwyz, Unterwald, Zoug, Glaris, Bâle, Fribourg, Soleure, Schaffhouse et Appenzell, se détachent sur le veau noir très épidermé des plats, accompagnés de ceux des alliés de la Confédération, où l'on reconnaît le nom de Mulhouse, qui fut l'alliée de la Suisse de 1515 à la Révolution. Une longue inscription dorée à la gloire d'Henri II et des relations de la France et de la Suisse occupe le quart inférieur de chaque plat.

Il s'agit certainement d'une production locale, peut-être réalisée à Lucerne, ville dont l'auteur pourrait être originaire. Une meilleure connaissance de la personnalité d'Osvald Stocker permettrait sans doute de comprendre pourquoi il a offert cette reliure au roi de France, peut-être l'une de ces rencontres diplomatiques organisées avec les ambassadeurs des cantons suisses ou les députés des ligues suisses, à l'occasion de la fameuse journée de Payerne ou à Paris en 1549 [281]. On pourrait aussi préciser sa date et son lieu de fabrication [282].

Toutes ces pièces paraissent être en fait des cadeaux d'avènement, offerts à Henri II assez peu de temps après son arrivée sur le trône : les donateurs étrangers gardent les habitudes du règne précédent. Ils vont ensuite, semble-t-il, utiliser d'autres moyens pour se faire remarquer par le roi, peut-être mieux adaptés aux goûts du nouveau souverain, qui n'est pas un grand ami des livres.

280 Ms. latin 7556 ; L. Delisle, *Le Cabinet des manuscrits*, I, p. 188. Peut-on rapprocher ce nom de celui de Thomas Stocker, envoyé de Zoug auprès du roi de France en septembre-novembre 1515, ou de celui de Louis Stoket, chargé en octobre 1533 de la conduite des Cent Suisses en l'absence du lieutenant ? *Catalogue des actes de François Ier*, II, Paris, 1888, p. 514-515, n° 6280 et IX, Paris, 1907, p. 137-138. **281** M.-N. Baudouin-Matuszek, *Catalogue des actes d'Henri II*, III, Paris, 1990, p. 101-102, 144-145 et IV, Paris, 1994, p. 348-349. **282** Ce manuscrit n'est d'ailleurs pas entré dans la Bibliothèque royale : il est acheté de M. Chandelier (avocat au parlement de Paris, peut-être gendre de Jean-Baptiste Hautin) le 20 décembre 1674 pour Jean-Baptiste Colbert ; ms. latin 9363, f. 132-134 v° ; L. Delisle, *Le Cabinet des manuscrits*, I, p. 451.

Jean Du Tillet

Comme pour François Ier, on constate, parmi les manuscrits offerts à Henri II, la présence de « lots » provenant d'une même personne. Les œuvres de Jean Du Tillet constituent le groupe le plus homogène des reliures de dédicace à Henri II et elles méritent qu'on les étudie en détail.

Du Tillet « archiviste »

Né vers 1500, reçu protonotaire et secrétaire du roi le 15 juin 1521, Jean Du Tillet est devenu par la suite greffier civil au parlement de Paris. Chargé vers 1540 par François Ier de réaliser inventaires et copies des archives royales, il se met au travail mais ne publie rien avant la mort du roi[283]. Il est ensuite conforté dans sa position par Henri II. Faisant partie du camp de la famille de Guise, il se met à la tâche avec le soutien de cette puissante coterie, dont on sait les liens familiaux avec Marie Stuart, épouse du dauphin François. Il meurt en 1570[284].

Vers 1550, Du Tillet entreprend la réalisation du *Recueil et inventaire* des archives royales, qu'il utilisera ensuite pour des œuvres dont les sources sont remarquablement fiables et précises pour l'époque. Son premier traité offert au roi, *La Généalogie et mariages des rois de France*, est en fait la première partie de son œuvre maîtresse, le *Recueil des rois de France*, consacrée à la généalogie et aux alliances des rois capétiens. D'après les informations historiques qu'il apporte, cette première version est rédigée en 1553-1554[285]. Une mention à la fin de la table des manuscrits, « Icy est fin mise a ce premier tome pour le laisser plus manyable, les matieres restans seront continues ou second », indique que la seconde partie était bien programmée dès le début, même si elle semble ne pas avoir fait l'objet d'un manuscrit de dédicace. Le département des Manuscrits possède d'ailleurs deux exemplaires de présentation au roi de la *Généalogie*, mais aucun de la seconde partie.

Du Tillet n'offrira la version définitive du *Recueil des rois de France* qu'à Charles IX sous la forme d'un luxueux manuscrit daté de 1566, orné de trente illustrations à pleine page représentant les rois de France et couvert d'une reliure réalisée par Claude Picques, alors relieur du roi[286]. Deux autres

283 Le contenu d'un manuscrit très récemment acheté par le département des Manuscrits m'oblige à nuancer ce propos. Une étude plus approfondie de ce document, un armorial des fils puînés de France, pourra déterminer s'il s'agit bien d'une première étape du travail de Du Tillet, reprise d'abord dans la *Généalogie* et enfin dans le *Recueil des rois de France*. **284** Sur la vie et les œuvres de Jean Du Tillet, voir les nombreux articles d'Elizabeth Brown et en particulier E. Brown et M. Orth, « Jean Du Tillet et les illustrations du grand *Recueil des Roys* », *Revue de l'art*, n° 115 (1997-I), p. 7-24 ; E. Brown, « Jean Du Tillet et les archives de France », *Histoire et archives*, 1997/2, p. 29-63 ; *id.*, « Jean Du Tillet, François Ier and the Trésor des chartes », *Histoires d'archives, recueil d'articles offerts à Lucie Favier*..., Paris, 1997, p. 237-247. **285** La princesse Marguerite de France, née en 1553, est signalée parmi les enfants d'Henri II au feuillet 61 du ms. français 18653 ; et Du Tillet mentionne la mort, le 6 juillet 1553, du roi d'Angleterre Édouard VI, mais pas la naissance du dernier fils d'Henri II et de Catherine, François-Hercule, duc d'Alençon puis d'Anjou, le 18 mars 1554 ; M.-P. Laffitte, « D'autres reliures à attribuer à l'incomparable doreur ? », *Revue française d'histoire du livre*, XXXVI (1982), p. 440. **286** M.-P. Laffitte et F. Le Bars, *Reliures royales de la Renaissance*, p. 221.

exemplaires de la version complète sont aujourd'hui l'un à Saint-Pétersbourg (ms. Fr. F. v. IV, n° 9), l'autre dans la bibliothèque publique et universitaire de Genève (fr. 84). Leurs reliures n'ont pas le caractère luxueux de celle qui a été offerte au roi, bien que celle du manuscrit aujourd'hui conservé en Russie présente un décor du XVIe siècle. Il s'agit vraisemblablement de copies destinées à d'autres personnages que le roi.

Du Tillet consacre sa seconde œuvre aux relations houleuses entre la France et l'Angleterre depuis Guillaume le Conquérant. On ne sait pas quand il commence d'y travailler, mais le tome II est offert au roi le 19 février 1558, au lendemain des célébrations consécutives à la reprise de Calais aux Anglais le 7 février. Les manuscrits de dédicace ont eux aussi conservé leurs reliures originales aux armes d'Henri II[287].

Les premières reliures commandées par Du Tillet sur la *Généalogie des rois de France* et les *Recueils sur l'Angleterre*

Plusieurs manuscrits de Du Tillet ont été conservés dans leurs reliures originales aux armes du roi, dont cinq présentent des schémas décoratifs très proches. Écrits sur parchemin par différentes mains pratiquant une écriture de chancellerie typique, avec des initiales à l'encre noire, ils sont soignés mais sans luxe. Ils ont tous les cinq appartenu à Philippe Hurault, comte de Cheverny, chancelier de France de 1583 à 1599. C'est peut-être à cause de sa fonction que ce dernier les avait en sa possession.

Le premier manuscrit contient la *Généalogie des rois de France*. Sa reliure de maroquin citron en partie teint en noir, avec son décor argenté très original, est la plus spectaculaire des cinq et l'une des rares reliures à décor architectural que possède le département des Manuscrits[288]. Le décor sans fers est constitué d'un cartouche central et d'un encadrement architectural à deux colonnes ornées de fleurons sur fond pointillé, assez différent des reliures architecturales réalisées pour Grolier, Mahieu et d'autres amateurs qu'Howard Nixon comme Geoffrey Hobson refusent d'attribuer à l'atelier du relieur du roi à Paris. Elles proviennent certainement du même atelier concurrent, auquel on doit une autre reliure de la Bibliothèque nationale de France[289].

Exceptionnellement, les médaillons centraux des plats de la *Généalogie* ne sont pas identiques. Sur le plat supérieur, il a été mosaïqué ton sur ton et orné des armes royales et des fers héraldiques qui correspondent au matériel « offi-

287 À partir de ces versions successives, des additions et des listes de documents figurant ou non dans les différents exemplaires, et de leurs éditions, les travaux d'Elisabeth Brown et Myra Orth, « Jean Du Tillet et les illustrations du grand *Recueil des Roys* », renouvellent largement la connaissance des œuvres de Du Tillet. Ce dernier s'est livré à la première tentative de classement, selon une méthode vraiment historique, du *Trésor des chartes*, dans un but de conservation, mais aussi de communication et d'utilisation plus aisées. Voir p. 69. **288** Ms. français 2854, attribué par erreur à Henri III dans M.-P. Laffitte, « D'autres reliures à attribuer à l'incomparable doreur ? », p. 440, note 15 ; *Bindings*, p. 108-111, n° 29 et p. 169-172, n° 43 ; P. Needham, *Twelve Centuries of Bookbinding*, p. 219-222, n° 69. **289** Ms. latin 8139 ; A. R. A. Hobson, *Maioli*, p. 34-36 et pl. 19-24 et 27 ; *The History of Bookbinding*, nos 292 et 312 ; H. M. Nixon, *Sixteenth-Century Goldtooled.*

ciel » utilisé dans l'atelier de Fontainebleau de 1547 à 1552 et dans l'atelier du relieur du roi à Paris (tableau VII)[290]. Des traces de peinture blanche subsistent sur les arcs et le croissant. Les armes ajoutées dans la partie supérieure du plat sont postérieures. Au plat inférieur, une composition repoussée directement sur la couvrure d'origine (ill. 64, p. 78) réunit un phylactère avec la devise du roi et une branche de feuillage rehaussée de vert, du laurier peut-être, qui s'enroulent autour d'une lance. Plusieurs erreurs émaillent la devise qui y est dorée : *donet totun impleat orbem.*

L'ensemble est accompagné de motifs héraldiques – carquois, arc et flèches – ainsi que d'un monogramme – DH –, tous dessinés au trait, qu'on peut rapprocher de ceux de la reliure déjà citée de la *Chronique de la Bouquechardière* aux armes de Diane de Poitiers[291]. Le dos est orné de la même manière d'un décor réservé sur fond noir de caissons et de rinceaux entourant le monogramme DH. Le dos est long, les tranches sont simplement dorées et les plats en carton.

Les deux recueils contenant les textes relatifs à l'Angleterre, qui sont exactement identiques, comportent chacun deux tomes, ce qui fait en tout quatre volumes[292]. Les quatre reliures ont été réalisées avec un seul patron décoratif et on voit en haut de chaque plat des traces de piqûres très marquées dues à la fixation de ce modèle commun (ill. 65, p. 79). Le décor argenté est donc identique sur tous les volumes, comme les tranchefiles et les tranches dorées. Les médaillons centraux sont quant à eux semblables à celui du plat inférieur de la *Généalogie*, avec la devise du roi et des rehauts de peinture verte, blanche et or sur la hampe de la lance.

En plus de la présence des armes royales officielles, le lien stylistique de ces reliures avec l'atelier du relieur du roi à Paris est évident. La technique de teinture du maroquin citron en noir ou en brun imite celle des premières reliures réalisées vers 1550 pour Henri II par l'atelier parisien du relieur du roi[293]. On peut comparer l'encadrement autour du médaillon central aux reliures architecturales des deux derniers tomes du Galien, datables vers 1556-1558, et la composition réunissant croissant, arc et carquois à celle du Julius Firmicus Maternus, réalisée vers 1554-1555... et ceci malgré leur côté un peu archaïque et l'utilisation sur le premier plat de la *Généalogie* d'un bloc d'armes qui n'a été employé dans l'atelier de Fontainebleau que jusqu'en 1549, et qui n'est repris que pour cette unique reliure dans l'atelier parisien du relieur du roi. Cependant la différence de qualité entre cette série de reliures et celle qui est destinée à la Bibliothèque royale ne permet pas d'attribuer la première au meilleur doreur de l'atelier.

Le tome II des relations entre la France et l'Angleterre est présenté au roi le 19 février 1558 et l'on peut donc considérer avec vraisemblance que les cinq reliures de Du Tillet sont contemporaines de cette date. Henri II meurt un an

290 M.-P. Laffitte et F. Le Bars, *Reliures royales de la Renaissance*, p. 95 et n°s 42 b, 43 b et 45-48.
291 J. Porcher, « Les livres de Diane de Poitiers ». **292** Mss français 2855-2858. **293** M.-P. Laffitte et F. Le Bars, *Reliures royales de la Renaissance*, n°s 80-83.

après, le 30 juin 1559, et ce court délai explique peut-être que l'auteur n'ait eu le temps ni de terminer le second tome de la *Généalogie* ni de le présenter au roi.

Le manuscrit français 18653

Une reliure en maroquin rouge plus spectaculaire encore couvre un autre exemplaire dédicacé à Henri II de la *Généalogie et mariages des rois de France* [294]. Lui aussi écrit sur parchemin mais moins complet que les autres copies, ce manuscrit est plus luxueusement présenté : il est orné de quelques dessins et peintures de qualité et en particulier des écus en couleur des personnages cités.

Sur les plats, dont l'un a été malencontreusement repeint au XIXe siècle, la composition ornementale est organisée autour d'un médaillon central où figurent les chiffres entrelacés d'Henri II et de Catherine de Médicis, entourés d'une couronne de feuillages et d'un phylactère dont la devise a disparu. La peinture originale qui rehaussait ces éléments (ill. 66, p. 80) était de couleur grise pour les chiffres royaux, verte pour les feuillages, blanche et rouge pour la banderole.

La surface des plats est ornée d'entrelacs, de feuillages et de fleurons, exécutés exclusivement à l'aide de filets incurvés, les vides sont rehaussés par un pointillé, et le tout est argenté. Les plats ont conservé leurs boulons de protection et portent des traces de liens ; les tranches quant à elles portent des traces de peinture d'argent, noircie par l'oxydation. Dans le décor du dos, sans nerfs, argenté lui aussi et compartimenté à l'aide de filets horizontaux, on retrouve le fer trois-points, rehaussé ici d'un fleuron argenté.

On a depuis longtemps rapproché cette reliure de celles de deux éditions différentes, bien que toutes deux de Lyon et datées de 1557, de l'*Astronomique discours* de Jacques Bassantin : la première, conservée à la Réserve des livres rares de la Bibliothèque nationale de France, est reliée au chiffre d'Henri II et de Catherine de Médicis, la seconde est aux armes d'un Écossais de l'entourage de Marie Stuart, Lord Seton [295]. Citons aussi la reliure du livre d'heures dit « de Marie Stuart », bien que les armes de France et de Dauphiné écartelées d'Écosse qui sont peintes au plat supérieur, et la devise accompagnée d'une sphère qu'on lit au plat inférieur – *Unus non sufficit orbis* – soient plutôt celles du dauphin François, fils aîné d'Henri II et de Catherine de Médicis, après son mariage avec Marie Stuart. Ce volume, édité à Paris en 1549, a sans doute été relié après le mariage de la reine d'Écosse et du futur François II en avril 1558, mais avant la mort de son père le 10 juillet 1559. On peut même supposer que le travail a été exécuté à l'occasion du mariage, célébré avec magnificence [296].

294 Ms. français 18653 ; M.-P. Laffitte, « D'autres reliures à attribuer à l'incomparable doreur ? », p. 435-440. **295** G. Beck, « Lord Seton und der Einband des Bassantin, *Astronomique discours* », *Bibliothèque d'humanisme et de Renaissance*, XIX (1957), p. 133 et *passim*. **296** H. Jadart, *Le Livre d'heures de Marie Stuart à la bibliothèque municipale de Reims*, Paris, 1901 ; *Trésors de la bibliothèque municipale de Reims*, Reims, 1978, n° 609. Ce volume fut laissé par Marie Stuart, veuve de François II, à l'abbaye bénédictine de Saint-Pierre-les-Dames de Reims à l'occasion de l'un des séjours qu'elle y fit auprès le l'abbesse, sa tante Renée de Lorraine, avant son retour en Écosse en août 1561.

D'autres éléments de datation nous sont fournis par deux reliures de présentation aux armes d'Henri II. Elles aussi argentées, elles couvrent la traduction par Jacques Amyot de Diodore de Sicile, éditée en 1554, et les *Épigrammes* de Planude, datable vers 1556, où l'on voit sur les plats le fleuron poussé au dos de la *Généalogie*[297]. Une troisième reliure tout aussi exceptionnelle, et présentant les mêmes caractéristiques, couvre une édition latine des *Sermons* d'Origène par Michel Vascosan, datée de 1556[298].

Il s'agit bien d'une production à attribuer au meilleur doreur de l'atelier du relieur du roi, celui qu'on appelle le Grand Doreur d'Henri II. Le texte étant postérieur à 1553[299], la reliure peut être datée entre cette date et 1558. Elle est donc vraisemblablement antérieure à la série présentée précédemment.

La principale question à propos de ces manuscrits est à un autre niveau : pourquoi deux exemplaires de présentation au roi en un si court laps de temps ? Peut-on suggérer que l'exemplaire le plus luxueux est vraiment un présent, les autres ayant un statut intermédiaire entre manuscrit de dédicace et copie de travail, ou qu'il a plutôt été offert à un membre de l'entourage royal (Catherine, Diane de Poitiers...), alors que la série plus complète était destinée à Henri II lui-même ? L'inscription effacée du phylactère apportait peut-être une réponse à cette question.

Autres reliures

Les manuscrits de Vergèce

Vers 1540, Ange Vergèce avait offert à François Ier plusieurs manuscrits grecs copiés de sa main et reliés par les meilleurs ateliers parisiens[300]. Sous le règne suivant, à l'exception d'une reliure provenant de l'atelier de Fontainebleau, c'est à l'atelier du relieur du roi installé à Paris qu'il confie des copies de textes grecs destinées à Henri II. Justement parce qu'il s'agit de créations du relieur du roi, ces reliures ont des points communs avec celles de la Bibliothèque royale : les armes et les fers héraldiques sont communs aux deux entités décoratives, mais il s'agit bien d'exemplaires de présentation, copiés sur du papier ciré à l'orientale, ornés de frontispices, de schémas, de lettres ornées et de peintures de style bellifontain, et couverts de reliures à grand décor.

Les deux premières reliures couvrent l'une un manuscrit des *Histoires* de Polybe, qui est daté de 1547, et l'autre un recueil de traités militaires d'Élien, qui a été copié en 1549 et dont Ange Vergèce réalisera plus tard d'autres copies luxueuses pour des amateurs. Leur cuir citron, leur couture très serrée, leur dos long, leurs ais de bois rainurés et leurs tranches dorées et ciselées se ressemblent

297 M.-P. Laffitte et F. Le Bars, *Reliures royales de la Renaissance*, nos 110 et 105 ; H. M. Nixon, *Bookbindings...*, pl. E-F, sous le nom de Claude Picques, fer n° 78 ; A. R. A. Hobson, *Humanists and Bookbinders*, p. 196-204. **298** *Bibliothèque Esmérian. Première partie*, n° 95 ; *The History of Bookbinding, 525-1950 AD*, n° 262. **299** Voir chapitre IV, p. 110. **300** Voir chapitre I, p. 19-20.

beaucoup et on peut les dater toutes les deux des premières années du règne : elles sont en effet décrites dans le catalogue et sont donc forcément antérieures à 1552. Leur comparaison avec d'autres reliures nous confirme qu'elles ont été fabriquées vers 1549-1550 dans l'atelier parisien du relieur du roi.

On remarquera l'élégance et la complexité du motif de la première reliure, où se combinent entrelacs, fleurons et arabesques ponctuées de quelques fers vides ; une composition d'entrelacs fleuronnés en partie identique est répétée sur le dos et sur les tranches. Des aspects similaires, comme la bordure de petits fers, les entrelacs réservés sur fond noir aux terminaisons fleuronnées et aux cuirs rehaussés de peinture verte, se retrouvent sur un Vicomercati relié aux armes d'Henri II édité en 1550. Les décors de ces volumes sont sans doute contemporains et, bien que le manuscrit grec soit daté de 1547, il paraît difficile de penser que sa reliure ait pu être réalisée avant 1549 ou 1550 : elle fait partie d'une série de reliures à grand décor dont l'une des caractéristiques est l'identité esthétique des tranches et du dos [301].

Le fer de la bordure extérieure est semblable à celui qui est utilisé pour des bordures simplifiées dans l'atelier de Fontainebleau, mais les fers vides du décor [302] sont à cette époque exclusivement employés dans l'atelier parisien du relieur du roi.

Cette première reliure à grand décor offerte par Vergèce est comparable à celles de deux autres manuscrits, dont le statut de manuscrit de dédicace est moins évident : l'un aurait dû être relié dans l'atelier de Fontainebleau, et on ne connaît pas l'origine du second.

Le premier manuscrit contient un traité sur la chasse d'Oppien en grec, copié à Venise par Bartomoleo Zanetti, vers 1540. Il serait arrivé de Venise par Gian Francesco Torresani d'Asola avec d'autres ouvrages de la Bibliothèque royale de Fontainebleau [303]. Le corps d'ouvrage et en particulier les tranchefiles sont d'ailleurs identiques à ceux que fabriquent les relieurs de l'atelier de Fontainebleau pour les livres de la Bibliothèque, mais le parti esthétique adopté pour la reliure de l'Oppien ne permet pas de la classer parmi les décors créés à Fontainebleau : il reprend le schéma central du Polybe, encadré de la même bordure de petits fers. Cette reliure d'Oppien est donc à mi-chemin entre les productions de l'atelier de Fontainebleau pour les aspects techniques et les créations du relieur du roi à Paris sur les exemplaires de dédicace au roi pour le décor.

Le second manuscrit à comparer au Polybe est une Bible monumentale en hébreu de la fin du XIIIe siècle, venant d'Allemagne [304]. De toutes les reliures

301 M.-P. Laffitte et F. Le Bars, *Reliures royales de la Renaissance*, n° 60. **302** *Ibid.*, *Reliures royales de la Renaissance*, n° 42 b ; H. M. Nixon, *Bookbindings*…, pl. E-F, sous le nom de Claude Picques, fers nos 28, 29, 30 a-b et 36 a-b. **303** Ms. grec 1649 ; A. R. A. Hobson, *Humanists and Bookbinders*, p. 194 ; M.-P. Laffitte et F. Le Bars, *Reliures royales de la Renaissance*, p. 15-16 et n° 82 ; voir aussi note précédente. **304** Ms. grec 2736 ; A. R. A. Hobson, *Humanists and Bookbinders*, p. 194 ; M.-P. Laffitte et F. Le Bars, *Reliures royales de la Renaissance*, n° 83 ; M. Garel, « Une reliure oubliée de Claude de Picques », *Bulletin de la Bibliothèque nationale*, VII (1983), p. 39-41 ; *id.*, *D'une main forte*, Paris, 1991, n° 78.

aux armes d'Henri II, et malgré les repeints du XIXe siècle, cette reliure est la plus spectaculaire, à cause de sa taille bien sûr, mais surtout à cause de l'ensemble ornemental unique que composent les motifs en tapis des plats, du dos et des contreplats de cuir.

On y retrouve le contraste du cuir noir et du cuir clair, la bordure de petits fers, les rehauts de peinture verte et blanche, l'identité de décor du dos et des tranches et enfin les fers héraldiques communs avec l'atelier de Fontainebleau. Mais cette reliure est aussi un cas à part, dû au meilleur doreur travaillant alors à Paris, et cela pour trois raisons : la première est la richesse du dessin mêlant branches entrecroisées, rinceaux et motifs fleuronnés, qui reprend des modèles créés pour d'autres arts décoratifs, plafonds, pavements ou marqueteries ; la seconde est l'arrangement des armes royales au dos de la reliure, comme si le doreur n'avait pu se résoudre à « gâcher » sa composition ; la troisième, enfin, est la présence de contreplats de cuir ornés d'entrelacs noirs de grands arcs et des éléments héraldiques rehaussés de blancs, proches de dessins de Philibert Delorme.

On peut aussi rapprocher de ces trois reliures royales des créations pour d'autres collectionneurs, comme celle d'un manuscrit de l'*Histoire romaine* relié à la grecque qui aurait appartenu à Diane de Poitiers. Un triple croissant y remplace les armes royales au milieu des plats de cette reliure peinte dans les mêmes tons que celles de la Bibliothèque royale[305].

Revenons maintenant à la seconde reliure offerte au roi par Ange Vergèce[306]. Le décor se compose d'entrelacs sans fers et de rinceaux d'une élégance aérienne auxquels certains traits redoublés, l'alternance de surfaces vides ou pointillées et les rehauts de peinture noire donnent du relief. L'aspect général est à comparer à celui de reliures elles aussi à la grecque, ornant des éditions en grec et réalisées au début des années 1550 pour Marcus Fugger[307]. Le dos, où sont alternés rinceaux et caissons rehaussés de noir, est comparable à celui du Nouveau Testament en grec édité et offert au roi par Robert Estienne en 1550[308].

C'est cette fois un autre manuscrit de dédicace qu'on peut rapprocher de cette seconde reliure offerte au roi par Vergèce : il s'agit d'une traduction française restée anonyme de la *Vie d'Hannibal* de Plutarque, très finement ornée d'une page emblématique dans le style bellifontain[309]. Le décor de la reliure est composé comme celui de la reliure précédente, avec quelques imperfections dues peut-être au format exigu du manuscrit. Quatre trous d'épingle à chaque coin des plats nous indiquent le procédé utilisé pour le placement du décor. Ces

305 *Bibliothèque Esmérian. Première partie*, n° 125. **306** Ms. grec 2443 ; M.-P. Laffitte et F. Le Bars, *Reliures royales de la Renaissance*, n° 85 ; A. R. A. Hobson, *Humanists and Bookbinders*, p. 194. **307** H. M. Nixon, *Sixteenth-Century Goldtooled Bindings*, n° 26 ; P. Needham, *Twelve Centuries of Bookbinding*, p. 204-205, n° 63, pl. XXVII ; *The History of Bookbinding, 525-1950 AD*, n° 282. **308** M.-P. Laffitte et F. Le Bars, *Reliures royales de la Renaissance*, n° 85. **309** Ms. français 2119 ; M.-P. Laffitte et F. Le Bars, *Reliures royales de la Renaissance*, n° 86 ; A. R. A. Hobson, *Humanists and Bookbinders*, p. 196.

deux reliures certainement contemporaines ont été réalisées dans le même atelier, vraisemblablement par le même doreur.

Une reliure à médaillon peint

La dernière reliure offerte par Vergèce à Henri II est nettement plus tardive : elle couvre en effet des traités sur la chasse, dont celui d'Oppien copié en 1554. C'est d'ailleurs le dernier manuscrit grec entré dans la Bibliothèque royale de Fontainebleau [310]. Sa reliure tardive et très originale témoigne d'une influence forte de l'art oriental, observée au même moment sur les reliures « officielles » destinées à partir de 1552 aux imprimés de la Bibliothèque royale. Les têtes de lion en cuir repoussé et doré à la manière orientale, qui sont placées dans les coins, et les médaillons de parchemin peints au milieu des plats en font une pièce unique dans la Bibliothèque royale.

Réalisé par un excellent ouvrier, le décor est composé de deux motifs plusieurs fois répétés, l'un dessiné où arc, carquois, croissant et flèche sont agencés un peu différemment chaque fois, l'autre doré au fer. Le même petit écoinçon orientalisant figure sur un Origène imprimé à Paris en 1555, dont la disposition est très proche [311]. La Diane chasseresse peinte au plat inférieur, allusion peut-être à Diane de Poitiers mais surtout au contenu du volume (des traités sur la chasse qui était le passe-temps favori du roi), est d'excellente qualité et mériterait qu'on l'étudie de façon approfondie et qu'on essaie d'en identifier l'auteur. Des traces de piqûres indiquent la manière dont les modèles ont été mis en place sur les plats.

Cet exemplaire datable vers 1554-1555 est le premier daté d'une série de textes grecs copiés entre 1559 et 1564 par Ange Vergèce et couverts de reliures à médaillon, dont un représentant de grande qualité orne un autre exemplaire d'Élien (ill. 67, p. 78) [312]. Ces volumes étaient destinés entre autres au cardinal de Lorraine ou à Henri de Mesmes, et même à Catherine de Médicis dont on voit les armes sur la reliure d'un recueil de traités de mathématiques (ill. 68, p. 78), à côté de l'écoinçon orientalisant de la reliure aux armes d'Henri II [313]. Plusieurs membres de la famille Vergèce pourraient avoir participé à la réalisation de ces manuscrits, toujours confiés à ce même atelier du relieur du roi à Paris, qui se trouve à cette époque entre les mains de Claude Picques.

Quelques cas particuliers

Voici maintenant quelques reliures dont les caractéristiques ne peuvent que difficilement être rapprochées d'autres exemples, dans et hors des collections royales.

310 Ms. grec 2737 ; A. R. A. Hobson, *Humanists and Bookbinders*, p. 201-204 ; M.-P. Laffitte et F. Le Bars, *Reliures royales de la Renaissance*, n° 112. **311** M.-P. Laffitte et F. Le Bars, *Reliures royales de la Renaissance*, n° 113. **312** Ms. grec 2523 ; A. R. A. Hobson, *Humanists and Bookbinders*, p. 194, note 83. Ces reliures à médaillon réalisées pour différents amateurs tous très proches du roi, dont plusieurs sont totalement inédites, mériteraient une étude particulière. **313** Ms. grec 2340 ; A. R. A. Hobson, *Humanists and Bookbinders*, p. 211-213.

La première, avec son décor doré et argenté d'entrelacs et de rinceaux rehaussés de peinture bleue et blanche sur maroquin noir, couvre un manuscrit en grec des *Politiques* et des *Économiques* d'Aristote écrit à Venise par Johannes Rhosos et terminé le 22 février 1492, qui est arrivé à Fontainebleau parmi les volumes acquis d'Antoine Éparque[314].

La reliure pose plusieurs problèmes, dont le premier est lié à l'origine du manuscrit : ce n'est pas l'unique grand décor réalisé sur un manuscrit acheté en Italie sous François Ier, un autre figure sur un manuscrit provenant du Vénitien Torresani d'Asola, mais c'est le seul parmi les manuscrits grecs reliés entre 1547 et 1559 qui comporte des armes différentes de l'écu « officiel » aux armes d'Henri II, qu'ils sortent de l'atelier de Fontainebleau ou de celui du relieur du roi à Paris. Son aspect luxueux, dû à un parchemin d'excellente qualité et à de nombreuses lettrines, explique peut-être cette reliure.

Malheureusement très effacée, la composition des plats, proche d'un dessin d'Androuet du Cerceau publié par Anthony Hobson, paraît un peu lourde, sans doute à cause du format du manuscrit. Elle contraste avec le décor du dos, où l'on voit une composition d'arabesques dont l'agencement est proche d'une création contemporaine destinée à Thomas Mahieu déjà citée[315]. Les fers azurés utilisés pour ces arabesques (tableau VI) sont les mêmes que ceux qui apparaissent progressivement dans l'atelier de Fontainebleau dès le règne de François Ier ainsi que dans l'atelier parisien du relieur du roi.

La seconde question concerne le remaniement qu'a subi la partie centrale des plats avant la pose des armes royales définitives. Une pièce de cuir noir en forme de losange a été incrustée dans la couvrure : cette transformation apparaît bien sur les frottis (ill. 69, p. 119). La forme losangée de la pièce rapportée rappelle celle de l'écu des reliures aux armes de Diane de Poitiers, dont certaines sortent du même atelier (ill. 50 et 54, p. 71 et 72)[316].

Comment expliquer ces anomalies, sinon par une erreur dans la filière suivie par ce manuscrit, orienté vers l'atelier du relieur du roi au lieu de l'atelier de Fontainebleau, puis objet d'une création destinée à Diane et finalement rectifiée ? Cela expliquerait pourquoi on a demandé au doreur de rajouter après coup les armes de France dans une composition où elles n'étaient pas prévues. En raison du manque de place, on n'a pu insérer le bloc aux armes d'Henri II et il a fallu composer l'écu à l'aide de fers juxtaposés.

Une autre reliure aussi originale a elle aussi été transformée, mais cette fois dans l'autre sens. Elle protège un état du paiement des gages des gentilshommes et officiers de la maison du roi de Nicolas Berthereau, daté de 1550.

314 Ms. grec 1857 ; M.-P. Laffitte et F. Le Bars, *Reliures royales de la Renaissance*, p. 17 et n° 79 ; A. R. A. Hobson, *Humanists and Bookbinders*, p. 194. **315** *The History of Bookbinding, 525-1950 AD*, n° 270 ; H. M. Nixon, *Sixteenth-Century Goldtooled Bindings*, n° 20 ; P. Needham, *Twelve Centuries of Bookbinding*, p. 189-190, n° 58. Voir chapitre III, p. 98. **316** J. Porcher, « Les livres de Diane de Poitiers », p. 78-89, n° 1, ill. XX, et nos 11-12, pl. XXII. **317** Ms. Clairambault 813 ; *Livres du connétable. La bibliothèque d'Anne de Montmorency*, n° 17.

La reliure de maroquin noir, qui portait initialement au plat supérieur les armes répétées deux fois d'Henri II, a été retouchée : l'écu inférieur a été en partie gratté, en partie recouvert par les armes peintes du connétable Anne de Montmorency, et les emblèmes de ce dernier ont été ajoutés sur le plat inférieur [317]. Nicolas Berthereau, qui était notaire et secrétaire du roi, était aussi un homme de confiance du connétable. C'est peut-être lui qui a fait faire ce changement.

69 Atelier du relieur du roi à Paris, décor d'entrelacs peints en blanc, médaillon aux armes d'Henri II retouché (grec 1857)

Le décor de rinceaux au filet est accompagné d'un matériel de fers décoratifs et héraldiques inédit et je n'ai pu identifier l'atelier qui s'en servait.

Le livre d'heures d'Henri II

Voici enfin une dernière reliure exécutée pour Henri II, sur un livre d'heures manuscrit d'abord destiné à l'un des membres de la famille de Dinteville, parmi lesquels on compte des ecclésiastiques de haut rang, un ambassadeur… Transformé ensuite pour être offert au roi, peu après son avènement, le manuscrit contient une représentation d'Henri II touchant les écrouelles dans l'église Saint-Marcoul de Corbény, cérémonie qui eut lieu comme à l'accoutumée quelques jours après le sacre, le 26 juillet 1547 [318].

Cette reliure particulièrement dépouillée tranche avec tous les exemples que nous venons de voir. Le cuir de couvrure marbré (ill. 70, p. 78) est très proche d'un matériau du même genre utilisé dans l'atelier de Fontainebleau vers 1547-1548 [319] et en est vraisemblablement contemporain. Il s'agit donc bien de la reliure placée sur le volume en vue de sa présentation au roi.

Les éléments héraldiques

En conclusion, il me paraît important de revenir sur l'héraldique des reliures d'Henri II. Le répertoire de fers ou de motifs héraldiques relevé sur les manuscrits reliés pour lui est beaucoup plus riche que celui de François Ier. Celui-ci se résume pour les reliures de dédicace à un F parfois couronné et à diverses fleurs de lys particulières à chaque atelier; pour les reliures «officielles» commandées pour les collections royales, il comporte en plus l'un des blocs armoriés attachés à la fonction de relieur du roi, d'abord celui d'Étienne Roffet (ill. 9, p. 52), puis celui de l'atelier de Fontainebleau (ill. 20-33, p. 58-63), composés des armes de France, du collier de l'ordre de Saint-Michel, du chiffre du roi et enfin de la salamandre emblématique, blocs armoriés qui sont dorés sur les volumes destinés à la collection personnelle de François Ier, puis à la Bibliothèque royale de Fontainebleau [320].

Pour Henri II, on excusera Quentin-Bauchard de n'avoir pu faire la différence entre les reliures destinées à la Bibliothèque royale et celles offertes en cadeau. En effet, qu'il s'agisse du bloc armorié comportant les armes, le collier de l'ordre de Saint-Michel et un grand croissant, qui existe en grand (ill. 43, p. 67) et en petit format (ill. 45, p. 68), ou des petits fers héraldiques, en 1547 le monogramme HD et le triple croissant, puis à partir de 1551 un arc et un carquois (ill. 48 ou 60, p. 72 et 76), cet ensemble est utilisé indifféremment sur les reliures

318 Ms. latin 1429; V. Leroquais (chanoine), *Les Livres d'heures manuscrits de la Bibliothèque nationale*, Paris, 1927, I, p. 276-279; M.-H. Tesnière et P. Gifford, *Creating French Culture : Treasures from the Bibliothèque nationale de France*, New Haven et Londres, 1995, nº 80; C. Beaune, *Le Miroir du pouvoir*, Paris, 1989, p. 66 et 183. **319** M.-P. Laffitte et F. Le Bars, *Reliures royales de la Renaissance*, p. 98 et nos 41-42 a-c; A. R. A. Hobson, *Apollo and Pegasus*, p. 79, note 52. **320** M.-P. Laffitte et F. Le Bars, *Reliures royales de la Renaissance*, p. 39 et 79.

commandées pour la Bibliothèque royale et sur les manuscrits de dédicace offerts au roi par leurs auteurs. Seule une étude approfondie de ces reliures permet de les attribuer soit à l'atelier de Fontainebleau, soit à l'atelier du relieur du roi à Paris.

Pour ce qui concerne les devises, en dehors de l'extrait des *Actes des Apôtres* (3, 6) : « *quod habeo hoc tibi do* » de la reliure parisienne de maroquin olive à semé de fleurs de lys dorées offerte par Paul Canossa à François Ier vers 1539[321], qui n'est pas spécifique du roi puisqu'on la trouve aussi sur un autre exemplaire offert au connétable Anne de Montmorency, aucune inscription ne figure sous François Ier sur les reliures de dédicace ou sur les reliures commandées pour les collections royales.

La situation est légèrement différente sous Henri II. En effet, une seule reliure attribuable à l'atelier de Fontainebleau, celle du grand Ptolémée en grec relié vers 1552, porte la devise du roi *donec impleat totum orbem*[322], mais cette devise apparaît de temps à autre sur les reliures de dédicace, et de façon systématique sur les œuvres de Jean Du Tillet.

Sur un autre plan, alors que dans l'atelier de Fontainebleau seuls l'arc et le carquois apparaissent sur les reliures sous forme de petits fers, on voit fleurir dans l'atelier du relieur du roi à Paris tout un répertoire guerrier dessiné au trait et complètement intégré au décor, et composé à partir de 1554-1555 d'arcs, de flèches, de carquois, de croissants simples ou triples, puis dans les dernières années du règne de lances et de branches de laurier (ill. 64, p. 78).

Quant à expliquer la présence de ces emblèmes par l'influence de Diane de Poitiers, c'est en partie possible pour les reliures de dédicace et pour la branche de laurier, motif dont Geoffrey Hobson souligne l'apparition dans l'art français sous l'influence d'Henri II et de Diane de Poitiers, et qu'on voit fleurir sur les plafonds et les panneaux de porte du château d'Anet bâti par Philibert Delorme, sur le socle de la statue de Diane par Jean Goujon et dans l'art de la gravure[323]. La raison de leur utilisation pourrait être éclairée par une étude d'ensemble des motifs décoratifs les plus fréquents à cette époque, qui placerait vraisemblablement ces emblèmes guerriers dans le vocabulaire décoratif commun, mais ce n'est pas aussi facile pour le monogramme HD, pour Henri et Diane, dont la présence sur les reliures de la Bibliothèque royale est difficile à expliquer.

321 Ms. français 2089 ; L.-M. Michon, « Reliures exécutées pour François Ier », p. 321 ; M.-P. Laffitte et F. Le Bars, *Reliures royales de la Renaissance*, n° 17. **322** Ms. grec 1401 ; M.-P. Laffitte et F. Le Bars, *Reliures royales de la Renaissance*, n° 73 ; A. R. A. Hobson, *Humanists and Bookbinders*, p. 204. **323** G. D. Hobson, *Les Reliures à la fanfare*, p. 11-13.

Annexes

Tableau I

Classement des reliures aux armes de François Ier

	Couture	Décors	Couleur du décor	Fleur de lys
1er groupe : 59 reliures primitives	9 sans nerfs, 45 sur nerfs de peau, 5 sur ficelles	3 filets, 40 entrelacs, 6 avec fers	or et argent disposés à l'identique sur les deux plats	8 sans, 51 avec
2e groupe : 111 reliures tardives	toutes sur ficelles	2 filets, 97 avec fers, 12 entrelacs + fers	or et argent inversés sur les deux plats	toutes avec

Tableau II

Première série de reliures sans fers

coin 1

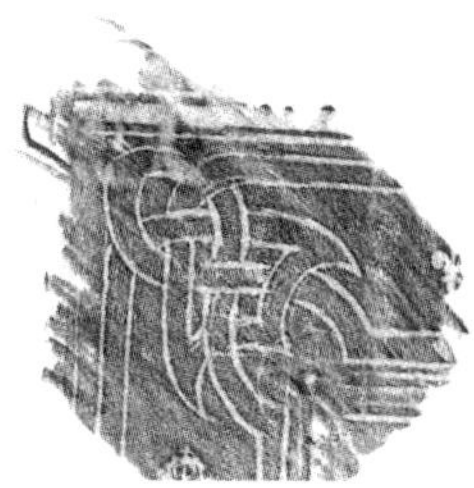

coin 2

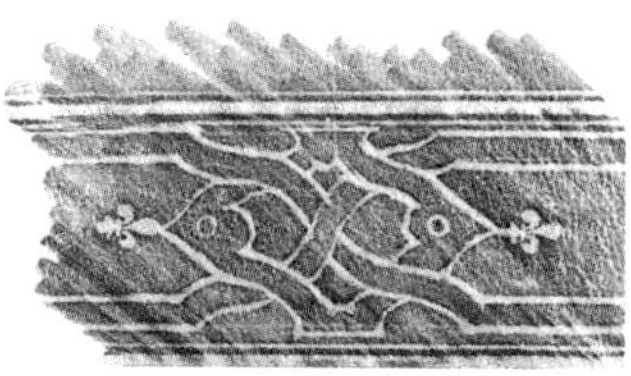

côté 1

Grecs 2, 534, 790, 2643

côté 2

Grecs 649, 1230, 1463

côté 3

Grec 454

Grec 2658

Tableau III

Seconde série de reliures sans fers

	 coin 1	 coin 2	 coin 3
 côté 1			**Grecs 1995, 2162, 2699**
 côté 2		**Grec 1938** **Grecs 1437, 2982**	
 côté 3	**Grec 1786**	**Grecs 130, 1823**	

Tableau IV
Fers azurés utilisés dans l'atelier de Fontainebleau sous François Ier

Tableau V
Fers archaïques utilisés dans l'atelier de Fontainebleau sous François Ier

Tableau IV
Fers provenant de l'atelier de Jean Picard utilisés dans l'atelier de Fontainebleau sous François Ier

Index général

Les chiffres maigres renvoient aux pages et l'italique indique une page d'illustration. Les chiffres gras correspondent aux cotes des manuscrits.

Direction éditoriale
Pierrette Crouzet
Suivi éditorial
Christine Ehm et Marie Michelet
Conception graphique et mise en pages
Ursula Held, atelier h

Cet ouvrage a été composé
en caractères Plantin et Corporate
Photogravure : APS Chromostyle, Tours
Achevé d'imprimer en septembre 2001
sur les presses de l'imprimerie de l'Iroise,
à Brest (France)
sur papiers permanents
Centaure naturel 110 g et Médiaprint silk 135 g ISO 9706
Dépôt légal : octobre 2001